Pedra encantada
e outras histórias

RACHEL DE QUEIROZ

Pedra encantada
e outras histórias

Seleção
Maria Luiza de Queiroz

1ª edição

JOSÉ OLYMPIO
E D I T O R A
Rio de Janeiro, 2011

© *Herdeiros de Rachel de Queiroz*

Reservam-se os direitos desta edição à
EDITORA JOSÉ OLYMPIO LTDA.
Rua Argentina, 171 — 3º andar — São Cristóvão
20921-380 — Rio de Janeiro, RJ — República Federativa do Brasil
Tel.: (21) 2585-2060
Printed in Brazil / Impresso no Brasil

Atendimento e venda direta ao leitor:
mdireto@record.com.br
Tel.: (21) 2585-2002

ISBN 978-85-03-01101-3

Capa: SERGIO LIUZZI / INTERFACE DESIGNERS
Desenho Rachel de Queiroz: SUELY AVELLAR
Diagramação: ALTA RESOLUÇÃO

MARIA LUIZA DE QUEIROZ nasceu em Fortaleza (CE). Foi editora do
Suplemento Literário do *Jornal do Commercio* e, também, trabalhou
como roteirista na TVE. Com sua irmã Rachel de Queiroz, publicou
o livro de memórias *Tantos anos* (1998). *Magno*, de 2007, marca sua
estreia para o público jovem.

Livro revisado segundo o novo Acordo Ortográfico
da Língua Portuguesa.

CIP-BRASIL. CATALOGAÇÃO NA FONTE
SINDICATO NACIONAL DOS EDITORES DE LIVROS, RJ

Q47p   Queiroz, Rachel de, 1910-2003
      Pedra encantada e outras histórias / Rachel de Queiroz ;
      seleção de Maria Luiza de Queiroz. - 1ª ed. - Rio de
      Janeiro : José Olympio, 2011.

      ISBN 978-85-03-01101-3

      1. Queiroz, Rachel, 1910-2003. 2. Crônica juvenil
      brasileira. I. Título.

11-4110.   CDD: 869.98
                              CDU: 821.134.3(81)-8

Sumário

Nota da Editora 7

Pedra encantada 9
Bogun 13
Mapinguari 16
Cabeça-rosilha 19
A presença do Leviatã 24
Casa de farinha 29
Cremilda e o fantasma 33
Diário do viajante clandestino em busca
da terra dos dólares 48
Ma-Hôre 51
Flagrante carioca 62
O homem que plantava maconha ou
o Exu Tranca-Rua 65
Duas histórias para o Flávio 72
Marmota 77
Mationã 81
Objeto voador não identificado 86
Neuma 90
Quem matou Chico Preto? 94
Nacionalidade 98
Um punhado de farinha 102
O menino e o Caravelle 106

O menino e os santos reis *111*
O telefone *116*
Tempo de preá *125*
O viajante *129*
Os filhos que eu nunca tive *133*
Os frutos do progresso *139*
Terra no sangue *142*
A donzela e a Moura Torta *145*
O vendedor de ovos *152*

Sobre a autora *157*

Nota da Editora

Com este volume, a editora José Olympio oferece ao público juvenil uma criteriosa seleção de crônicas escritas por uma das maiores autoras brasileiras, Rachel de Queiroz. Através da leitura dessas histórias, o jovem leitor poderá entrar em contato com uma escritora fundamental, assim como aquele mais maduro redescobrirá o sabor de um clássico da nossa literatura.

Esta coletânea reúne narrativas entre as melhores já publicadas, nas quais se encontra uma diversificação de temas, como: memórias, episódios vividos no Rio de Janeiro, registros do cotidiano, histórias insólitas, a morte, impressões de viagem, o sertão e o sertanejo, questões humanas. Tudo isto contado com humor em uma linguagem coloquial. Mas aqui também está presente o estilo despojado e destemido da autora de *O Quinze* e *Memorial de Maria Moura*. A variedade destes textos, selecionados por Maria Luiza de Queiroz, expressa o talento vivo de Rachel e retrata seu olhar sobre o mundo.

Pedra encantada e outras histórias apresenta ao público uma seleta de narrativas fantásticas, crônicas egressas das páginas dos jornais, mas que são, no entanto, merecedoras da permanência entre o que há de melhor no patrimônio literário brasileiro.

Pedra encantada

A pedra é grande, escura, e fica debaixo de uma ingazeira, à beira do riacho. Tem vagamente a forma de uma mulher de joelhos. É a pedra encantada. Pelo menos é o nome que lhe deram, e muita gente acredita. A história é que toda véspera de ano-bom, ao bater da meia-noite, a pedra se desencanta. Diz que vai amolecendo, amolecendo; não muda num átimo, pelo contrário. A pedra primeiro abranda, aos poucos perde o grão áspero e se torna macia, depois a corcunda se apruma, levanta-se a cabeça, vão brotando as feições do rosto, o pescoço se alongando, os braços se estiram e se abrem, os seios apontam e se arredondam, o gargalo da cintura se afina e depois se alarga nas ancas — molda-se a mulher toda na pedra mole como o barro no torno do oleiro.

E por fim está a moça toda pronta, mas ainda adormecida, ainda na cor limosa da pedra. Sempre lentamente, ela então se desencanta do sono, abre os olhos, corre a vista em redor e examina o próprio corpo. Verifica com horror que conserva a pele suja da pedra, exposta à chuva, ao sol e à poeira nos 12 meses do ano. Se já choveu em dezembro e o riacho empoçou água, a moça se encaminha até lá embaixo, em passos trôpegos, mais rolando que andando, banha-se no poço, e a sua cor se limpa.

Mas se ainda não choveu e o riacho está seco, ela fica muito tempo ajoelhada na areia e diz que é no sereno da noite que se lava — custa mais a desencantar direito, claro, esperando que a marugem do orvalho lhe banhe o corpo todo, e assim mesmo a pele não fica tal qual ela queria, alva e lustrosa. Por isso se conta também que, em certos anos, a mulher da pedra encantada é uma moça branca e em outras é cabocla roxa, como bugra do mato.

Depois de lavada, torna a moça a subir ao seu lugar e procura imitar a posição em que estava quando virada em pedra: de cabeça baixa e ajoelhada. Para uns, essa hora é de penitência — a mulher fica rezando e pedindo perdão dos pecados de outros tempos, que foram muitos. Para outros, fica assim apenas imaginando, se recordando de quem é, do que veio fazer, acabando de despertar daquele sono comprido de 12 meses.

A maioria, entretanto, diz que não é nada disso, que a bruxa fica assim só de maldade, que bem esperta já é ela desde o tempo em que ainda nem era pedra. Se se põe assim encolhida é para enganar os passantes, a fim de que não sintam falta do vulto corcovado que estavam habituados a encontrar ali.

Tem ano em que toda santa noite a mulher espera em vão, e não passa quem ela quer. Com o nascer do dia ela volta a se encantar, mas com uma raiva tão danada que durante o ano inteiro, quando o sol lhe bate de rijo, vê-se uma fumacinha serpeando no ar, saída da pedra: é a raiva da moça, fervendo lá dentro.

Mas nas noites de sorte, aponta no caminho estreito, entre as moitas, o moço bonito que ela já havia escolhido. Sim, porque durante o ano que se passou muitos moços hão de ter andado diariamente por ali, dando ensejo a que a bruxa da pedra escolha o seu preferido — o mais bonito de todos.

E assim vem vindo ele, coitadinho, de repente dá com os olhos naquela moça ajoelhada — nua! —, com a cabeça caída sobre o peito — os braços cruzados —, e no alvoroço de vê-la já nem lhe ocorre perguntar por que estará a mulher no mesmo lugar em que sempre costumou haver uma grande pedra. E ela, sentindo a presença do homem, levanta a cabeça, abre os olhos, abre devagar os braços, se desvenda toda — e o moço então se perde, porque nunca o atraiu chamado igual. Se entrega, se abandona como se fosse se matar. E por fim, exausto, dorme, e quando o dia amanhece ele acorda à beira d'água, junto às moitas de muçambê, e vê a pedra escura ao seu lado, e tudo lhe diz que as suas lembranças foram um sonho.

Mas que sonho esse, meu Deus! É um sonho que ele não esquece jamais. Todo o seu resto de vida ele ficará escravo daquele sonho, e mal anoitece procura o lugar à beira do riacho, e abranda o passo ao chegar — mas a pedra continua preta e morta. Ignora ele que só uma vez por ano poderá reencontrar aqueles braços.

E de tanta ansiedade o moço vai se consumindo, envelhecendo, se gastando, só naquela esperança. Mas afinal chega a nova noite de Ano. Como em todas as outras noites, ele passa fielmente à hora certa — aquela hora de antes, em que a criatura o recebeu nos braços. Maravilhado descobre que ela está ali de novo, bem o seu coração lhe dizia, bem teimava!

Mas em pleno abraço de amor a lua clareia e a moça enxerga a face do seu amante, enrugada, escaveirada, que não é mais a cara bonita, radiante de mocidade que ela escolhera. Fica então furiosa e jura que o homem é outro, não o moço que ela ama. Daí, talvez nem seja maldade nem ingratidão. Ela é fiel a um homem, um rosto, um nariz, uma boca, um corpo. Mas se aquilo se gasta e se transforma, como é que ela vai saber que ainda é o mesmo — ela que não conhece idade nem velhice e pelos tempos em fora é sempre a mesma, de carne ou de pedra?

Aí ela expulsa o homem, na sua fúria, e, se ele teima, pode até matá-lo com aqueles braços que têm a força da pedra onde se geraram.

E o desgraçado, mesmo quando escapa, para ele é pior do que se morresse, porque fica ali rondando, feito um louco, e sempre volta, até que outro lhe toma o lugar.

***

O POVO, DURANTE ANOS, não sabia por que na noite de ano-bom muitas vezes se encontrava à beira do riacho um homem morto, estrangulado. Certa vez foram mesmo achados dois mortos. Eram o velho e o novo amante da pedra encantada que se tinham pegado à faca.

E, quando se descobriu o mistério, resolveram arrancar a pedra dali. Trouxeram um trator, mas o trator nem aluiu o rochedo, era como se ele estivesse enterrado a cem braças do chão. Tentaram em seguida dar um tiro de dinamite, mas também a dinamite falhou; detonou só um pequeno estalo que mal arrancou uma lasca da pedra.

Estavam estudando outro jeito — quando alguém que olhava a pedra deu um grito, e todo mundo, vendo o que era, largou de mão, assustado.

Na lasca da pedra, que a dinamite abrira, saía correndo um filete de sangue, bem vermelho, sangue vivo, lustroso na luz do sol.

Não Me Deixes, s.d.

Bogun

Sim, o gato se chama Bogun; depois eu explico por quê. Não há como um nome inspirador para estimular a criatura, e aquele nos parecia adequado. Gato cinzento, cor de nuvem escura, olhos elétricos, pelagem de seda, de raça persa azul, tão boa e tão antiga quanto a raça dum mandarim — e, tal como mandarim, nascera ele com estrela de ouro por cima do berço.

A princípio, como pesava apenas quatrocentos gramas (e trezentos deveriam ser apenas o pelo), não se lhe podia exigir muito. Afinal era apenas um *baby*, um filhote desmamado antes do tempo e que um pires de leite morno deixava bêbedo. Mas como já era insolente, audacioso, cônscio de si! Que vida poderia caber dentro daquele novelo de quatrocentos gramas de seda gris? Talvez fosse pouca, mas pouca embora, era como uma faísca elétrica, que é só um risco fino de luz e mata um homem. Assim o gatinho: tão débil que um sopro forte o derrubaria — mas trazia dentro de si aquela centelha de independência e individualidade, aquela consciência de si, isolando-o, identificando-o entre todos os seres do mundo — gatos e elefantes, peixes e panteras. Um aperto com dois dedos o mataria; mas enquanto o não matasse, ele era só ele, o gatinho Bogun, capaz de enfrentar o mundo inteiro, destemeroso de bichos e de homens e de quaisquer outros inimigos; capaz de bocejar displicentemente na cara de um estranho, de estender a unha afiada para o nariz do cachorrão que o farejava intrigado; e depois que o cachorro recuava, Bogun fechava os olhos, displicente, como se dissesse: "Ora, é apenas um cão..."

Nunca miou. Solta às vezes um gemido áspero, quando tem fome ou tem raiva. Se tem medo, bufa. Porém miar, jamais.

Por tudo isso ganhou o nome de Bogun. Bogun se chamava o mais valente de todos os cossacos, moço-herói de um romance de cavalaria que nós dois aqui em casa adorávamos, na nossa adolescência. Bogun, bravo como um lobo, belo como um dia de sol, orgulhoso como Satanás. Olhamos os olhos amarelos do gato — iguais aos olhos do cossaco, que eram como dois topázios (assim dizia o livro) — e achamos que ficava bem.

Hoje Bogun cresceu. Belo, não se nega, mais belo até do que prometia quando filhote. Mas o caráter — onde? Nada da inteireza, da valentia simples, da falta de complexidade do herói. Bogun é complicado e dúbio, tortuoso e imprevisto. Sibarita e displicente. Por exemplo — de pequenino, parecia ter alma de caçador. Era capaz de perseguir durante horas uma formiga ou um besourinho. Hoje ainda caça, sim; mas só se interessa por cigarras e mariposas. Um dia, por acaso, um rato de campo lhe atravessou o caminho: ele se afastou com dignidade e nojo e, durante dias, evitou aquele trecho do quintal cruzado por tal vermina. Às vezes acompanha de longe o voo dum passarinho — mas é como um devaneio, sem desejo e sem impulso. Creio que jamais conheceu na boca o sabor do sangue vivo de um bicho, abatido pela sua garra; suponho até que sentiria asco. Ele só gosta de filé malpassado, de risoto, de peixe magro —

sem molho. Leite, só tépido. E gosta de banho, sim, adora banhos! Num gato não é uma espécie de degenerescência? Fica de olhos entrecerrados, ronronando sentado na bacia, enquanto o ensaboam. Depois consente deliciado que o enxuguem na toalha felpuda, que o escovem, que o ponham ao sol, a secar. Por fim, fofo, macio, perfumado, quente do sol, quase tirando faísca no pelo cor de aço, vem se exibir orgulhosamente na sala, arqueia o dorso, ergue a cauda frocada — para que todos vejam quanto ele é lindo e rico, e gozador, e precioso, e inimitável.

Quando afinal satisfaz a vaidade, escolhe a cadeira de palhinha (detesta almofadas, acha-as ou quentes ou vulgares) bem fina, bem fresca, boceja, encrespando a língua rósea e áspera, espreguiça-se, estira elasticamente a garra afiada, repousa a cabeça entre as patas dianteiras e dorme. E enquanto dorme, sem um cuidado, tem a certeza de que o bando de servos, de inferiores, que somos todos nós, lhe velam o sono.

Ilha, março de 1952

Mapinguari

Noite de lua, no terreiro, os homens procuram se esquecer do assunto eterno que é a falta da chuva e recordam histórias do Amazonas.

Recordam é modo de dizer: desses todos que estão aí nenhum foi do tempo em que se ia para o Amazonas, e o que sabem ouviram de pais e avós. Contam os casos clássicos de boto e curupira, e hoje saiu em cena um bicho pouco falado, o mapinguari.

Bicho não, que o mapinguari tem a figura de um caboclo gigante, três metros de altura, pés espalhados e braços enormes. Anda nu, o corpo azeitão e pelado é liso, sem o menor arranhão de mato. Cabelo só tem na cabeça, curto e ruivo, deixando à vista as orelhas pontudas.

Mapinguari só come coisa viva. O gosto dele é morder na carne quente e sentir o sangue esguichar. Come guariba e outros macacos que apanha nas árvores; com muita fome, é capaz de se agachar à beira d'água tentando pegar algum peixe de couro; de escama não gosta. Mas a comida predileta do mapinguari é mesmo gente, e só quando lhe falta carne de homem come a dos bichos. Quando caça, imita pio de pássaro e voz humana; mas só sabe dar uma fala fininha, esquisita, que mal engana a distância.

Pois um dia saíram para o mato dois seringueiros, e um deles se chamava Luís. Pouco além se separaram, tomando cada um a sua estrada de trabalho. Mas não estavam afastados, tanto que um ouvia a machadinha do outro a abrir o corte do leite na seringueira. Passou-se um tempo, e o que não se chamava Luís reparou que já não escutava a batida do companheiro. Prestou atenção — nada. Por um momento, teve a impressão de que ouvia a pisada de bicho grande quebrando o mato, mas devagar, cuidadoso. Teve medo e gritou:

— Luís!

E como se viesse de longe, uma vozinha fina respondeu:

— Luíííís!

Ai, por que tão fina a voz de Luís? E por que dizia *Luís* em resposta, se ele que chamara não se chamava Luís? Assustado, insistiu:

— Luís!

E de novo o gritinho, como um eco:

— Luís! Luíííííís!

O caboclo aí compreendeu que era o mapinguari imitando a sua voz. Não quis saber mais de nada e, morrendo de medo, meteu-se pelo mato, trepou numa árvore alta e se escondeu entre os galhos.

Foi em tempo. Porque lá vinha o mapinguari pela vereda, vagaroso, olhando de um lado para o outro, caçando. Caçando a *ele*! Debaixo do braço o bruto trazia o pobre do Luís e, de vez em quando, baixava a boca sobre o desgraçado e lhe arrancava uma dentada, um naco da cara, a orelha, uma lasca do peito. Mas entre um mastigo e outro o mapinguari continuava a caçada — parava, escutava e soltava o seu gritinho:

— Luíííííííís!

Afinal desistiu, deu nova dentada no Luís, que ainda estrebuchava, e se afundou na mata. O outro esperou muitas horas, encolhido lá em cima, até o sol do meio-dia ficar bem alto; então escorregou da árvore e saiu correndo em procura de casa.

Ceará, 21.6.1972

Cabeça-rosilha

Esporte sertanejo que vai rareando são as brigas de touro. De primeiro, ainda me lembro, esperavam-se meses pelo encontro de dois campeões. Havia brigas — quando os touros eram de briga mesmo — que varavam dias seguidos. Na fazenda Junco tinha um touro preto, por nome Carnaúba, que era capaz de lutar três noites com três dias e mais até, se lhe dessem tempo para beber. E podia mudar o adversário, ele é que não mudava, o olho de fogo, a venta chamejante, a perna fina, a aspa aguda, preto como o Cão, valente como o Anjo Gabriel. Depois de velho, talvez caduco, ficou tão feroz que não podia mulher nem menino passar por perto dele, à distância de menos de vinte braças. Foi pegado à força bruta, laçado ao mourão, reduzido a chamurro. Só assim o venceram, mas ainda rosnava. Acabou vendido a uns tangerinos.

No Junco também teve o touro Xuíte, que, como o nome está dizendo, era de raça turina, pescoço que era um tronco mas armas curtas, valente que era doido e de gênio ruim. Um dia atacou um trem que diminuía a marcha para entrar nas agulhas. O maquinista de começo riu, pensando que o touro velho ia se estrepar todo, ao se chocar com a máquina; e, para debochar mais, soltou um jato de vapor quente. O Xuíte aí se enfezou, meteu o chifre naqueles canos de cobre que correm pela barriga da locomotiva, arrancou tudo, como quem arranca serpentina num carro de carnaval. A máquina rodou mais um pouquinho, foi gemendo, estacando e parou mesmo, ali, em cima das agulhas. Então quem teve medo foi o maquinista, com a locomotiva enguiçada e o touro bravo em redor, ciscando, furioso.

Na fazenda Califórnia, que era de minha avó, se conta muita história de touro. Tem, por exemplo, o caso da briga de dois tourinhos, um chamado Caçote e o outro com nome ainda mais besta — chamavam o touro de Banana. Mas nome não é documento, porque esses dois touros pegaram uma briga que começou no sangradouro do açude e continuou, hora atrás de hora, que, quando se viu, os dois já estavam para as bandas do cemitério, uns quinhentos metros além; justo ao pé da casa do Ferreiro Velho, que era vizinha mesmo do campo-santo.

O Ferreiro Velho já dormia, deitado numa rede atravessada na sala. Quando deu fé, a porta vinha abaixo num estrondo, mal teve ele tempo de saltar no chão, era o touro Caçote que entrava de costas, lascou a rede no meio como se fosse de papel, o outro pegado com ele, e assim atravessaram a casa, quebrando pote, fogão e tudo, foram bater no quintal, arrasaram o jirau dos coentros, e só saíram dali, derrubando a cerca, a poder de ferrão.

* * *

Foi também na Califórnia que sucedeu outro caso de touro, e essa é uma história bonita.

O touro Cabeça-Rosilha era dono do curral fazia anos, quando de repente lhe apareceu um tourinho novo, vindo de fazenda vizinha, não se sabia bem qual. O nome dele também não era certo — Cachalote ou Chamalote, parece;

só sei que era azeitão-escuro com o lombo branco, muito bonito e fogoso e com uma natureza tão danada que logo se botou ao velho Cabeça-Rosilha, como se fosse um veterano igual a ele.

Pegada a briga, depressa se viu que o Cabeça-Rosilha não era mais o que fora dantes. Senão, teria acabado com a vida do tal Cachalote logo na primeira noite. Mas qual, amanheceu o dia e a briga ainda estava rendendo. As vacas saíram para o pasto, os dois ficaram brigando. De tarde voltaram as vacas, e os dois brigando. Tinham quebrado a porteira e saído para o pátio, o chão já estava todo riscado de regos fundos só deles cavarem a terra, e havia tanto mata-pasto acamado por onde eles pisavam que era aquele balseiro, como se por ali houvesse passado uma enchente.

A cabeça do Cachalote estava coberta de um beiju preto de sangue e nas costas do Cabeça-Rosilha viam-se os lanhos que o outro lhe abrira no couro com as aspas finas.

De vez em quando eles paravam um pouco, como se escutassem o gongo, recuavam, tomavam fôlego, mas daí a um instante recomeçavam o gaiteado, cada um insultando o outro como podia. O urro do Cabeça-Rosilha era fundo, grave como um ronco de onça, e o do Cachalote era mais franzino e mais rouco — que o canto do galo novo não se assemelha ao clarim do galo velho. E outra vez se encontravam e as armas se chocavam umas nas outras e até parece que tiravam fogo.

O povo já tinha perdido a conta de quanto tempo durava a briga, quando de repente os touros cruzaram as armas, entrançando os chifres. Não se viu como foi aquilo, só sei que se escutou um estalo, como um pau quebrando; e o Cabeça-Rosilha recuou, com um berro

— estava com o chifre esquerdo arrancado. Arrancado mesmo, ficando só o sabugo.

O Cachalote ainda quis atacar, mas o touro velho pela primeira vez negou combate. Igual a um novilhote que apanha a sua primeira surra dum touro criado, recuou, recuou, bruscamente deu meia-volta, desceu ligeiro em procura do riacho do sangradouro e foi se sumir na caatinga.

Isso aconteceu pelo começo do inverno, no mês de fevereiro. Todo o resto do tempo de chuvas ninguém soube notícias do velho Cabeça-Rosilha, escondido na sua vergonha. Chegou o verão, as águas da caatinga secaram, mas em vão se esperou que ele viesse beber no açude junto com o resto do gado. Os donos deram o touro velho por morto, decerto de alguma bicheira arruinada no sabugo do chifre.

Os vaqueiros ficaram botando sentido para ver se levantavam urubus, contudo nenhum sinal apareceu.

Findou verão, passou Finados, as festas de Natal e a nobom. Começou a chover em janeiro. O Cachalote era agora o dono do curral. Não tinha quem se metesse com ele, acho que a história da derrota do Cabeça-Rosilha se espalhara entre os pretendentes.

Mas quando deu começo o mês de fevereiro, um ano contado depois da grande briga, certa tarde estava já o gado recolhido ao curral, o Cachalote malhado no enxuto, remoendo muito soberbo, escutou-se de repente lá no alto do rio velho um gaiteado conhecido.

Ninguém acreditava. Teve quem pensasse em assombração, visagem do touro morto. Mas que morto, nem nada. Era mesmo o Cabeça-Rosilha que voltava vivo, depois do seu retiro de um ano. Fora se esconder na Serra Azul, bebia não se sabe onde, enquanto o sabugo encourava; e ele o ia afiando pacientemente nas cascas de pau, até o botar duro como ferro, mais duro que o próprio chifre.

O gaiteado foi crescendo, ficando perto. E então se viu o Cabeça-Rosilha se mostrar de corpo inteiro, bem no cabeço do alto. Reforçado, lustroso, e com os chifres polidos que era ver duas espadas. No curral o Cachalote se levantou, escutando, como se não acreditasse. Afinal respondeu com o seu gaiteado novo, grosso, soprando e cavando.

Ligeiro, parando só para dar os seus urros de desafio e raspar o chão com tanta força que a terra voava a duas braças de altura, o Cabeça-Rosilha se aproximava. Parece até que caprichava em voltar no mesmo chouto com que saíra — então corrido e sangrento, agora limpo e sedento de briga. Cada um dos brutos de um lado da porteira, não esperaram que ninguém a abrisse. Meteram os ombros, voou pau para todo lado, e foi de novo dentro do curral que a briga começou.

Desta vez, porém, não virou a noite até o outro dia. Ainda bem não havia escurecido direito, de repente se ouviu um urro de touro apanhado. Era o Cabeça-Rosilha que tinha levantado nas armas o Cachalote, como se levantasse um gato; ergueu nos ares aquelas quarenta arrobas de touro vivo e arremessou tudo por cima da cerca.

Foi aí que o Cachalote berrou como bezerro, levantou-se trôpego nas pernas — e dessa vez era ele que descia o riacho, correndo, e se sumiu no mato, dentro da noite escura.

Também, depois desse dia, nunca mais o Cabeça-Rosilha o viu.

S.d.

A presença do Leviatã

> Amaldiçoem-na aqueles que amaldiçoam o dia e os
> que estão prontos a suscitar o Leviatã.
>
> (*Jó*, III, 8)

É o Leviatã animal imenso e horrendo. Tem "o corpo como escudos fundidos, apinhoado de escamas que se apertam. Uma está unida à outra, de sorte que nem um assopro passa entre elas. O seu espirro é resplendor de fogo e os seus olhos como as pestanas da aurora. Da sua boca saem umas lâmpadas como tochas de fogo acesas. Dos seus narizes sai fumo, como o de uma panela incendida que ferve. No seu pescoço fará assento uma fortaleza e adiante dele vai a fome. Os raios do sol estarão debaixo dele e ele andará por cima do ouro como por cima do lodo. Fará ferver o fundo do mar como uma caldeira. A luz brilhará sobre as suas pegadas. Não há poder sobre a Terra que se lhe compare, pois foi feito para que não temesse nenhum. Todo o alto o vê. ELE É O REI DOS FILHOS DA SOBERBA".

Isso diz o *Livro de Jó*, capítulo XLI, versículos 6 e 7, 9 a 11, 13 e 21 a 25.

E sendo o Leviatã besta assim medonha e inominável, os homens na sua ignorância o identificaram com o crocodilo, com o hipopótamo, com a baleia; os hebreus também lhe davam o nome de Behemot. E hoje há quem o veja nas máquinas

24

de guerra moderna, que também têm escamas de aço e deitam fumo e fogo e são igualmente imensas e pavorosas. Mas baleia e crocodilo, e hipopótamo e tanques lança-chamas são apenas forças brutas; deles difere o Leviatã, pela sua influência inteligente, sutil e maléfica. Sempre próximo dos homens, rápido aparece mal o invocam, e logo os subjuga e escraviza. Anda de dia e anda de noite. Serve-se do mal e serve-se do bem. Tanto usa o coração como as entranhas do homem, o seu sono como o seu despertar, o seu estado de sóbrio como o seu estado de ébrio.

Por acaso sentis de repente uma tristeza na alma, uma agonia sem definição e sem causa, um desejo de morte ou uma sensação de culpa, sem pecado nem dor atual que justifiquem essa angústia? Não procureis a causa na psicanálise ou na medicina. O que passou sobre vós está acima do vosso entendimento e dos vossos remédios: fostes roçados pelo sopro fétido do Leviatã, "cujo hálito faz incender carvões e de cuja boca sai chama".

No silêncio e na insônia da noite, sentis a tentação de negros pecados cujo desejo o vosso coração jamais provara antes, sentis um apetite de degradação e de mal; ou, se dormis, vos afundais em sonhos pegajosos, como se vos sovertesse a negra lama do fundo do mar, que jamais viu a luz do sol? Ai, essa lama e esse escuro são o espírito do *Leviatã*, atraído pela fraqueza da vossa mente insone ou do vosso corpo adormecido.

Cruzais a rua e por vós passa uma mulher gorda, vestida de veludo e coisas lustrosas. Ela é moça, mas a gordura lhe devorou a mocidade; os seus cabelos são castanhos, castanhos os olhos com reflexos verdes, verde e castanho o vestido e o calçado — tudo castanho e verde, que são cores demoníacas. A mulher vos sorri com a sua larga boca, mostra os dentes vorazes e vós tremeis de medo, inexplicavelmente, só de vê-la, só de passar por ela. Com razão tremeis e toda vez que tornardes a ver essa mulher lembrai-vos de que talvez não seja uma bruxa, mas é, com toda certeza, uma filha natural do Leviatã. (Aliás, de modo geral, temei os gordos, porque a enxúndia é muitas vezes uma das marcas do Leviatã.)

Andamos descuidosos entre as criaturas e nem sabemos quantos deles serão fruto dos imundos amores do Leviatã. A eles alude o Livro, nestas palavras: "pereça o dia em que foram nados e a noite em que se disse: foi concebido um homem." Aquele polícia que se compraz em pisotear velhos e mulheres, aquele doutor que no mistério do seu consultório por um pouco de dinheiro arranca crianças nonatas do ventre de suas mães, aquele envenenador que transforma em comida da morte o que devia ser sustento do corpo, os vorazes, os ambiciosos, os frívolos, os perversos, os sujos — são todos filhos da Soberba, são descendência do Leviatã. Mas os pobres loucos — os que se supõem reis e os que se supõem criminosos, os que choram sem causa, os que sem motivo bradam e uivam dentro da noite, os que se despem, os que maltratam o próprio corpo querendo remir pecados imaginários, os que não concedem a si mesmos sono nem descanso —, esses não são os filhos, são, ao contrário, as vítimas, os possessos do Leviatã.

E junto com os suicidas e os bêbedos, debalde se rebelam e lutam contra ele; não poderão libertar-se, pois "porventura poderás tirar com anzol o Leviatã e ligarás sua língua com uma corda?" (*Jó*, XL, 2).

Era uma vez um grupo de amigos, homens normais e virtuosos, que se entretinham com o seu trabalho ou em encontros amenos, onde discorriam da alma e da inteligência, de filosofia, de política e de artes. Mas certa noite morna de dezembro em que estavam reunidos, cometeram a inconcebível loucura de suscitar a presença do Leviatã. Foi como se sobre eles descesse "aquela noite de negra escuridão e tenebroso redemoinho, noite solitária que não se conta entre os dias do ano, nem se numera entre os meses" (Jó, III, 5, 6 e 7). O monstro acorreu, solícito, cobrindo-os com as suas asas de morcego. E os homens buscaram espíritos violentos e se embriagaram. Rasgaram as vestes, perderam o pejo e a medida, e não só clamavam aos brados os seus pecados mais secretos, orgulhando-se deles, como os cometiam à solta, sem que a luz do dia ou o temor dos olhos alheios os contivesse. Os que possuíam esposas traíam-nas com amantes; os que não tinham esposa cobiçavam a mulher dos que a tinham; os casais unidos se abandonavam sem razão aparente; amigos fiéis de velhos anos, amigos de infância, se injuriavam e batiam na face uns dos outros. E todos eles choravam em público, expunham o seu peito nu, rolavam de borco pelas calçadas, a exemplo do Poeta, no dia em que também o arrastou o Leviatã.

E quando findou aquele período de encantação diabólica e os amigos despertaram e encontraram suas vestes rotas, o rosto e o corpo cheios de manchas roxas, a cabeça ainda dolorida dos vapores com que se embriagaram, as esposas chorosas e apavoradas, pareceu-lhes despertar de um pesadelo. Disseram os entendidos que os salvou a forte influência benéfica do ano-novo. Sei que esses homens ainda hoje baixam os olhos e sorriem trêmulos quando recordam aquele fatal fim de ano, e se afundam mais de rijo nas suas ocupações inocentes e entretenimentos pacíficos. Contudo, em tempo nenhum poderão ser os mesmos, porque dos seus corações jamais se afastará a lembrança dos dias em que estiveram possuídos pelo Leviatã.

Ilha, setembro de 1946

Casa de farinha

O maquinismo, ou, mais certo, os aviamentos têm pouca diferença dos que os tapuias usavam, com os melhoramentos introduzidos pelo português colonial: a roda motora de uns dez palmos de diâmetro, com dois veios terminais do eixo para os puxadores: um relho de couro cru serve de correia de polia, a fim de movimentar o caititu — que é um cilindro eriçado de serrilhas, destinado a ralar a mandioca. A moça cevadeira se ocupa em chegar mandioca ao caititu e a sua função é das mais difíceis, porque deve regular a pressão da raiz de encontro ao ralo de acordo com o empuxo da roda, quando os dois homens lhe dão maior impulso. E assim, ceva-se a mandioca num ritmo alternado e não contínuo — impulso, pausa, impulso, pausa. O serviço da roda é duro; para ele escolhem-se os rapazes de músculos mais duros e fôlego mais longo: um velhote de trinta e cinco a quarenta anos já não aguenta a roda, um frangote de dezesseis, dezoito, *ainda* não a aguenta; a idade ideal para os puxadores regula dos vinte aos trinta.

Metade da massa ralada vai para a rede da goma, a fim de se lhe tirar o excesso de amido; em seguida segue para a prensa — imensa almanjarra de pau-d'arco, com um ou dois fusos (maravilhas de artesanato, feitos a enxó), onde se aperta a massa para lhe tirar o suco venenosíssimo que é a manipueira. A manipueira é tão danada que se um porco fuça no rego por onde ela escorre, não se dá meia hora, estará morrendo, aos gritos, tão altos que parece um cristão berrando. Da prensa vai a massa à peneira, da peneira ao forno. E o forno é a peça mais importante de uma casa de farinha: todo armado em arcos de alvenaria, tem de três a quatro metros de diâmetro, e é ladrilhado com grandes tijolos sobre os quais se torra a farinha.

O mais alegre da farinhada é a roda das raspadeiras da mandioca — dez ou quinze mulheres sentadas em círculo, ocupadas em raspar a casca preta da mandioca para entregá-la ao caititu. Em torno da roda das raspadeiras forma-se o círculo mais irregular e inquieto da criançada, que sempre acompanha as mulheres do sertão, onde quer que elas estejam; e, além dos meninos, fica a terceira roda, a dos "perus", os que não têm nada com a farinhada mas gostam de espiar. Muito namoro, muito casamento é feito e desfeito nessas rodas de farinhada, mormente quando o trabalho segue de noite adentro: a massa cevada não pode ser guardada para o dia seguinte porque azeda e arroxeia e, por isso, a última fornada tem vezes que sai depois da meia-noite, e só no último forno é que se tiram os beijus. A claridade é pouca, a luz das lamparinas é trêmula e difusa e os recantos escuros são em número muito maior que os iluminados. Quanta moça dá mau passo, quanto filho de farinhada nasce por aí — quem conhece sabe.

Mas a casa de farinha, com ser lugar divertido e estimado, é hoje fábrica por tal forma primitiva e obsoleta que o plantio da mandioca atualmente só interessa aos pais de família numerosa, que dispõem de mão de obra abundante — e gratuita. A massa das tarefas se distribui dentro da casa — as mulheres raspadeiras, as duas lavadeiras de goma, os dois homens da roda, a cevadeira, o prenseiro, as peneiradeiras, o forneiro, o carregador d'água, os meninos que levam as raízes ou a massa dum lugar para o outro — sem falar nos homens para arrancar a mandioca no roçado e os cambiteiros que andam com os jumentos a transportar a mandioca do roçado para a fábrica. Fazendeiros mais adiantados tratam de motorizar os caititus, ou pelo menos substituir a força dos homens na roda por uma bolandeira. Mas os motores são um empate de capital grande, para só funcionar poucas semanas por ano; e uma junta de bois de bolandeira, custando cada boi uma pequena fortuna, também é onerosa demais.

E a farinha é cada vez mais cara e difícil; no momento em que escrevo, nas bodegas sertanejas está se cobrando o quilo da farinha por quase a metade de um quilo de carne. Dentro em pouco só se terá para consumo a farinha industrial, produzida por usinas, como já as há no Sul. E aí, como serão os preços?

Sendo que a farinha, com o feijão, é o alimento básico do sertanejo. Com feijão e farinha ele enfrenta qualquer tempo e qualquer trabalho; se tiver um pedaço de toucinho para temperar, muito bem, mas é luxo. O todo o dia é o feijão com a farinha pura.

Esses puxadores de roda, rapazes de grande musculatura e força, andei indagando como é a dieta deles. Igual à dos outros. Levantam-se às cinco horas, tomam um gole de café preto e vão para o roçado. Às nove horas vêm em casa, comem um pouco de feijão malcozido, salpicado de farinha seca, e voltam ao trabalho. Se o roçado é longe, não dão essa viagem, levam o que chamam um *sonhim* — um saquinho com rapadura e farinha, com que quebram o jejum.

Entre as onze e o meio-dia almoçam o feijão mais cozido e farinha. Em geral, não voltam ao trabalho depois disso, só algum ativo demais; ou quando dão o dia de serviço alugado. Também o sol é cruel. (Raramente trabalham aos sábados, que é dia de feira.) Das quatro para cinco horas jantam — o mesmo feijão, a mesma farinha. Quando há rapadura, é o doce da sobremesa. E café. E pronto, comer de novo só no dia seguinte. Essa dieta melhora um pouco no tempo do legume verde, quando comem o milho assado ou cozido. E quando há fartura de milho seco comem também o pão — que é o cuscuz cozido no vapor d'água. Carne, muito pouca — alguma galinha ou capote, um pedaço de carne de criação (carneiro ou bode); boi, pelo preço que está, uma vez na vida outra na morte. Adoram peixe, mas não pescam regularmente. Comem tudo cozido, que rende mais e ainda dá o pirão. Usam pouquíssima gordura no tempero. Ou nenhuma...

Assim comem os homens no trabalho, as mulheres pejadas ou amamentando, criam-se os meninos. Em geral, sadios. A mortalidade é pouca, inclusive a infantil. Morre muita criança é nas cidades, ou nos tempos de seca, quando se formam ajuntamentos insalubres e famintos de retirantes nas famosas "hospedarias" do governo, ou nas concentrações de trabalho — açudes, estradas etc.

Sim, com esse pouco vivem, e ainda assim são fortes e, de certo modo inocente e primitivo — felizes. Mas a cada dia aquele pouco fica menos, cada dia o produto do trabalho se distancia mais dos preços de custo do indispensável. E, então, como será?

20.10.1962

Cremilda e o fantasma
(Folhetim em quatro capítulos)

I

Ora se deu, não faz muito tempo: era uma vez uma moça chamada Cremilda, que gostava muito de espíritos. Aliás, não era bem a moça que gostava deles, era mais a família dela, quero dizer o pai e a mãe. O pai vinha dos tempos heroicos das mesas falantes, e a mãe quando solteira morara em Belém do Pará, na fase da famosa temporada de materializações do desencarnado João. Por sinal a dama ainda entesourava duas lembranças desse tempo — um molde em parafina da mão direita de João e alguns cravos de cera por ele próprio modelados.

Não seriam, contudo, o casal e a filha dos tais chamados ortodoxos, ou kardecistas, que é, creio, a denominação adequada. Formavam um pequeno trio cismático, ou não conformista, do ponto de vista dos ortodoxos, na religião deles. Quanto ao povo comum, católico, esse os tinha por — digamos —, por excêntricos.

Uma das mais conhecidas singularidades deles três era a mania de desassombrar casas assombradas. Mal sabiam que estava dando fantasma num lugar, logo corria o velho com a velha e a moça e se punham a doutrinar a vadia alma penada, até que a pobre se fatigava ou se convencia e ia, literalmente, baixar em outro centro.

Chegaram mesmo a ter um pega terrível com o padre capelão do cemitério; imagine que de repente deram para inundar os jornais reportagens a respeito da aparição de uma "dama branca" na necrópole do Bonfim, e o velho espiritista resolveu intervir. Deu entrevista, preparou-se espiritualmente e armou tenda no campo dos mortos, à espera da imaterial visitante, para a doutrinar. O padre opôs-se, é claro, alegando que cemitério é terra benta, jurisdição da Igreja, portanto, e que a alma da falecida — quem quer que fosse, e sendo realmente alma, e realmente falecida — estava muito bem entregue e com doutrinação adequada nas mãos de Nosso Senhor. O velho, aí, já queria tirar mandado de segurança, pois "cemitério é ou não um próprio municipal?". Tratava advogado e alvoroçava os repórteres, quando assunto novo veio desviar a atenção dos apóstolos. (Sim, porque era assim mesmo que se chamavam — apóstolos. Contava o velho que numa encarnação passada fora apóstolo de verdade, não porém de Jesus, mas de Buda, espírito ainda mais alto que o do Cristo na sua opinião.) E era este o assunto novo:

Alguns anos atrás, numa casa rica da cidade, dera-se um crime impressionante. Lá morava sozinho, servido por um casal de criados que dormia fora, um moço solteiro, herdeiro universal da avó, antiga dona do palacete. Pois esse dito moço, certo dia de novembro, amanheceu apunhalado, caído num canteiro do jardim. Da sala de visitas até aquele maciço de samambaias, onde o encontraram, um rastro de sangue o seguia. Segundo as reconstituições da polícia, parece que o feriram na sala e ele ainda conseguira andar até lá fora, quem sabe perseguindo o assassino ou procurando socorro. Mas ladrão não fora o matador, porque no pulso o rapaz tinha um relógio de ouro e a carteira no bolso com dois contos e trezentos — muito dinheiro, na época. Nas gavetas da cômoda, no quarto da avó (que ele conservava tal e qual era no tempo em que vivia a velha), estavam todas as joias da finada, e era ouro muito, muitos brilhantes. E as chaves dos móveis pendiam todas de uma argola, num grande prego, à parede da sala de almoço. Os únicos sinais da depredação que se encontraram foram uns copos quebrados, despedaçada a antiquíssima caixa de música em formato de pagode chinês, e, num retrato a óleo na parede, que representava o pai do moço, os dois olhos furados, queimados aparentemente à chama de um fósforo. Dava uma impressão horrível, como um cego recente, com as órbitas negras.

Nunca se descobriu o autor ou autores do malfeito. Prenderam os criados, bateram muito neles, mas os coitados afinal conseguiram provar que, por feliz coincidência, haviam passado a noite do crime num velório: tinham mais de cem testemunhas. Fizeram-se todas as hipóteses, a rapaziada da imprensa até parecia um bando alucinado de novelistas de rádio — mas ficou tudo em novela mesmo. Verdade, nem sequer presunção de verdade se apurou mesmo. Deram de chamar o falecido rapaz de "*o Homem-Mistério do Palacete*", e realmente ele fora muito quieto, quase esquisito. Sendo tão rico, não se formara em doutor, tinha poucos amigos, e não se lhe conhecia namorada ou amante. Baixo, magrinho, de ar triste, gostava de ler e ouvir discos; vez por outra embarcava num navio e se ia em temporada pela Europa. Do Rio não gostava, sua predileção eram Roma e Paris. E, naquela atrasada capital de província, um homem tão refinado que desdenhava o Rio, não se passando para menos de Paris e Roma (alguém explicou que ele não ia a Londres porque não falava inglês) —, imagine-se as lendas que não suscitava. Ele, porém, tinha quarteirões de casas alugadas que a avó lhe deixara, não precisava de ninguém e evidentemente pouco se importava com lendas.

Morto o rapaz, passara a mansão para uns primos cariocas que mandaram um procurador retirar de lá as joias, a prataria e a louça antiga e anunciar que se alugava o palacete mobiliado. Mas quem, na terra, quereria alugar uma casa daquelas, cenário de crime tão feio, manchada de sangue inocente e ainda não vingado?

Ficou pois o palacete fechado, sem pretendentes; e o antigo criado tomou conta do jardim, pagando-se com a venda das flores.

Tinham-se passado dois anos sobre o crime quando os vizinhos da direita começaram a contar que toda noite de quinta-feira, exatamente às dez horas, ouviam-se gemidos na casa desabitada. E quinta-feira e dez horas da noite eram precisamente o dia em que fora morto o rapaz e a hora atribuída ao crime pela polícia.

O jardineiro por sua vez contava que não adiantava plantar samambaias novas no local onde caíra o cadáver; assim que o canteiro estava bonito de novo, lá uma manhã aparecia todo amassado, como se um corpo se houvesse arrastado por ele. O homem experimentou plantar begônias e tinhorões em lugar das samambaias — mas o mesmo sucedia. Em desespero de causa, encheu o canteiro com mudas de uma planta espinhenta, que dá umas florinhas vermelhas e gêmeas, a que o povo chama eu-e-tu. O eu-e-tu pegou, cresceu, virou-se num emaranhado espinhoso, semeado de estrelas encarnadas. Mas três dias antes do segundo aniversário da morte do moço, a moita nova amanheceu tão maltratada quanto as antigas samambaias. Continuava salpicada de vermelho: entretanto, quando o jardineiro a olhou de mais perto, verificou que a cor não era das flores: eram gotas de sangue fresco na ponta dos espinhos.

II

SAIU CORRENDO O JARDINEIRO, apavorado, gritando. E tratou de largar tudo, até o lucro das flores que vendia, contanto que não voltasse à casa mal-assombrada.

E o jardim se cobriu de mato. Certo dia um moleque mais corajoso pulou o gradil e foi espiar como é que estava o canteiro de eu-e-tu. Voltou de beiço branco, contando que na moita espinhenta se via perfeito o desenho de um corpo, como se tivessem tirado o defunto dali naquele instante. Os jornais deram o caso e o alarma se espalhou. Agravou-se o medo dos vizinhos que passaram a tomar providências para mudança. Foi então que o nosso apóstolo compareceu na redação do jornal dizendo que se prontificava, perante o procurador e os cariocas, a ir habitar a casa mal-assombrada e doutrinar aquele irmão inconformado com a lei da morte, que vinha perturbar os vivos.

O procurador concordou imediatamente. Deixava até que o apóstolo morasse grátis, na esperança de que se desfizesse a lenda incômoda. Senão, já tinha ordem para demolir, o que era uma pena, casa tão bem-feita como não se constrói mais, trabalho de mestre de obras português, portais de cantaria, varandim, sacadas de ferro batido, soalho de acapu e amarelo e até vitrais de cores nos janelões. O palacete era mesmo o orgulho do quarteirão, quiçá da rua. Até um quiosque tinha no jardim, e uma cascata, embora com o encanamento entupido.

A mudança fez-se à noite; sei que pela manhã viu-se que se abriam as janelas e se lavavam as vidraças. Armado de enxada e foice, o velho apóstolo ia travando combate com as ervas más do jardim. Contudo, não tocou na moita de eu-e-tu; aquilo era sua espera da caça, se me permitem dizer. Mas passados os primeiros dias, o apóstolo revelou a um amigo da intimidade a sua decepção: Armando — esqueci de contar que em vida o moço assassinado se chamara Armando — ainda não se manifestara.

Eis porém que em certa manhã da segunda semana, chegando ao palacete, o amigo íntimo encontrou a família em grande alvoroço. Armando aparecera. Não de noite, não deixando marcas no canteiro. Mas na meia-luz da tardinha, sentado na poltrona do escritório; curvado sobre a camisa entreaberta no peito, examinava o corte de faca que o matara.

Quem o viu foi a filha moça, Cremilda. Mal entrou ela na sala, Armando levantou-se rapidamente, compôs a roupa — e pediu desculpas. Cremilda, fosse qual fosse o seu traquejo com o povo do outro mundo, sentiu-se extremamente perturbada. Nunca enfrentara uma "comunicação" assim. Recuou, bateu a porta e saiu gritando pelo pai. Mas quando o velho acorreu, entusiasmado, já o moço partira.

Debalde fizeram sessão à noite e convocaram o fantasma. Apareceu a avó, apareceu o modelo do retrato ofendido, ainda com os olhos enegrecidos de fumo, e se recusou a nomear o seu ofensor, dizendo apenas que o atentado fora um ajuste de contas velhas; apareceram *habitués* de outras sessões — e se digo "apareceram" é porque a velha era vidente. O velho não, apenas orava, em ambos os sentidos, pois rezava e discursava: homem de fé, não carecia de ver para crer.

No dia seguinte, nem nos outros imediatamente depois, Armando repetiu a aparição. Mas na tarde do oitavo dia, Cremilda, talvez de propósito, chegando ao escritório na hora do escurecer, divisou o vulto do moço que se recortava nitidamente no quadro mais claro da janela. Decerto a esperava, porque se adiantou um passo e deu boa-tarde. E Cremilda dessa vez não correu. Verdade que tremia, mas já não era medo, era emoção pura. Armando lhe parecia mais bonito que nos retratos, mais alto e nada tímido. Pelo menos isso lhe valeram a morte violenta e o estágio no outro mundo: a perda da timidez que era em vida o seu maior desencanto. Que lhe falou ele ninguém sabe ao certo. Ela contava aos arrancos, dizendo que haviam conversado um pouco de tudo. Ele se queixava de solidão. O pai ansiosamente indagou se Armando já se convencera de que estava morto. Cremilda não sabia bem... o fato é que ele agia como uma pessoa igual às outras...

— Mas isso é o mais importante! No próximo encontro quero pessoalmente averiguar esse tópico! — insistia o pai.

— Senão, como é que ele pode ser doutrinado?

Ai, mas justamente o difícil foi esse "próximo encontro" com o velho. Porque ninguém, a não ser Cremilda, se avistava com o finado Armando. Só a ela se mostrava ele — às vezes de dia, na penumbra do salão, enquanto ela batia escalas no piano; às vezes no jardim, na hora do luscofusco. Parece que, ao contrário dos seus colegas, Armando detestava a escuridão da noite e preferia o meio-termo do crepúsculo. E as mais das vezes a entrevista se passava no local do primeiro encontro, lá mesmo no escritório — ou gabinete, como diziam os de casa —, onde Cremilda o descobria a manusear livros.

Bem que o velho, já nem sei quantas vezes, tentara surpreender o elusivo visitante. Mas com a agilidade realmente própria de fantasma, o moço se esvaía no ar mal a porta se entreabria para um estranho. Sim, porque já agora as suas entrevistas com Cremilda se realizavam a portas fechadas. Eu me esqueci de contar antes essa particularidade: Armando passara a exigir que o gabinete ficasse trancado, a ferrolho, a fim de evitar-se a irrupção de intrusos.

III

PARECIA INCRÍVEL: a própria mãe, vidente antiga no ofício, não conseguia pôr os olhos em Armando, nem sequer espiando do jardim pela janela aberta! E ninguém podia discutir com o desencarnado. Ele ameaçara ir embora se o contrariassem, e aí sim frustrava-se a missão. A melhor solução que encontraram foi entregar oficialmente a Cremilda a catequese de Armando, embora o pai se sentisse profundamente magoado com aquela prova mais que de ingratidão — de ignorância — de um dos seus irmãos do espaço. Cremilda devia explicar ao moço que ele desencarnara; que, com os sentidos perturbados pela morte violenta, não saíra ainda do choque e não se entendia morto. Provar-lhe que tudo no mundo é evolução e que ele deveria procurar elevar-se acima da materialidade terrena para, quando novamente encarnasse, registrar progressos, e não tornar a morrer às mãos de um assassino. (Entre parênteses: gostaria ele de denunciar à

40

justiça o seu matador?) Dizer-lhe... bem, era impossível que a filha já não soubesse de cor tudo que é mister declarar a um espírito inquieto e perturbado. E Cremilda concordava e aceitava pacientemente o melindroso encargo; pai e mãe, contudo, abanavam a cabeça sem saber se a pobrezinha teria forças e luzes para tarefa tão alta:

— Qualquer objeção você nos consulta, ouviu, filhinha?

***

E EM POUCO só aquele cuidado ocupava a existência de Cremilda. Ia a tarde caindo, ela corria a se trancar no gabinete e, curioso, dava a impressão de que se preparava para uma visita de cerimônia, bem-vestida e bem-maquiada. E quando não se trancava no gabinete, ficava o tempo todo numa cisma. Sorria sozinha e, como o jardim agora andava lindíssimo (o velho, sua segunda paixão era a jardinagem), Cremilda enchia cestas de flores e enfeitava o gabinete como uma capela. Recusava-se a sair. Um vago namorado, seu pretendente há uns dois anos, foi despedido com rispidez. E, interpelada pela mãe que desejava aquele casamento, Cremilda explicou:

— Armando é contra.

Isso de Armando ser contra um casamento com aquele moço benquisto e abastado, junto com o natural despeito por ter sido apeada da sua exclusividade de vidente, alertou a velha. Perguntou, talvez apenas por perguntar — parecia uma coisa tão louca!

— Será que Armando tem ciúmes?

E ficou de boca aberta quando a filha respondeu com naturalidade:

— Claro que tem.

— Mas e então... — E a mãe não sabia o que dissesse.

— Mas então, minha filha, você não tem doutrinado o Armando? Tudo que seu pai lhe recomendou... Cremilda aí rompeu em pranto, correu para o gabinete e trancou a porta. A mãe, desse passo em diante, deu para escutar à porta na hora das entrevistas. E o que ouvia — seria malícia sua ou será que coração de mãe adivinha? —, o pouco que percebeu a encheu de susto. Não se escutava som de preces, nem o monótono enfático da doutrinação; era apenas um murmúrio suave, cortado de largos silêncios. As vozes não se distinguiam, e isso era o que mais assustava. Só aquela espécie de zumbido — sim, um zumbido de amor. Pronto, disse a palavra: pois o que a velha farejou através da porta foi amor; conversa de namorados, sussurrada e passional.

Felizmente a mãe, com a sua tarimba de não sei quantos anos de vidência, conhecia os perigos decorrentes da interrupção de um colóquio mediúnico, fosse embora esse colóquio tão extraordinariamente antiortodoxo. Pois todos sabem que, quando se interrompe bruscamente um transe, o médium corre até perigo de vida. E, fosse qual fosse a singularidade do caso, não se poderia negar que Cremilda, ali, funcionava de médium.

Vários dias ficou a mãe sem saber o que fizesse, contentando-se com espionar. E cada dia mais as suas suspeitas se transformavam em certezas. E não eram só os silêncios e ruídos que a alertavam: era a própria aparência da filha, que sempre deixava o gabinete feliz e afogueada, num meio desalinho, e tão agitada que até parecia que tinha um pássaro lhe esvoaçando no peito, em lugar do coração.

Por fim o medo venceu; e a mãe contou tudo ao velho. Ele a princípio não acreditava:

— Mas, a estas alturas, o trabalho de esclarecimento deve andar adiantado...

— E quem lhe diz que ela procura esclarecer o rapaz? Essa objeção o deixou tonto. Realmente, era coisa nova a ideia da cumplicidade da filha. E ele correu aos livros. Havia exemplos, havia. Começando pelo folclore medieval e o célebre caso das freiras de Loudun... Pôs-se Cremilda debaixo de confissão. Ela, a princípio, chorou, negou, mas acabou contando. Sim, era amor. Sim, ele já sabia que estava morto. E aí, a uma sugestão esperançosa do velho, a moça baixou a cabeça. Não, não era amor imaterial, de dois espíritos que se querem, acima dos liames da carne. Era amor mesmo.

— Escute, minha filha, se ele sabe que é um espírito e você ainda está presa à matéria, então não vê...

Cremilda baixou mais a cabeça, ficou mais vermelha ainda:

— Mas, papai, ele se materializa...

IV

SIM, ARMANDO SE MATERIALIZAVA. Isso o velho não previra. Arranjava o defunto um corpo de empréstimo — e tudo seria possível. Se uns fazem flores, e outros tocam música, e outros levantam pesos, por que este, se materializando, não poderia amar?

Foram umas terríveis semanas dentro de casa aquelas que se seguiram à confissão. O velho, a princípio, tentou forçar a sua presença nos encontros. Cremilda opôs-se, ele usou da sua autoridade — e Armando não compareceu. Quatro dias o velho insistiu, invocou, orou, verberou — e Armando nada. Pai e mãe tomaram então uma resolução enérgica: interditaram a porta do gabinete.

Cremilda submeteu-se, mas suplicou um último encontro e, para surpresa de todos, desse encontro saiu tranquila e até consolada.

O velho voltou a promover sessões regulares, a invocar Armando, a pedir a ajuda dos seus guias. E Armando ausente. Cremilda assistia aos trabalhos com um meio sorriso nos lábios, e ao velho parecia, muitas vezes, que aquele sorriso era de zombaria.

* * *

Passaram-se dois meses, três. A moita de eu-e-tu crescia, intocada. Nada de gemidos nem de gritos. Cremilda continuava a viver como num sonho, falando pouco com os de casa, mas não se interessava sequer por entrar no gabinete. O velho resolveu então considerar a tarefa cumprida: Armando partira, era evidente. Compreendera o seu estado real e o seu engano, saíra em procura de novos caminhos na sua marcha para a evolução. Podiam agora, ele e a família, devolver aos seus donos a casa liberta da alma penada.

Comunicada a Cremilda a decisão, a moça rompeu num pranto desesperado. Então não sabiam que Armando era preso àquela casa, que só ali ele podia se manifestar? Dentro daquelas paredes havia um fluido poderoso...

— Mas você não deixou de se avistar com ele? — insinuou a mãe.

O pranto de Cremilda redobrou — e ela confessou o resto. Nunca deixara de se avistar com Armando.

— Mas onde... Nem no gabinete, nas sessões...

Cremilda teve uma exclamação apaixonada. Ora, as sessões! Diante das exigências do velho, Armando passou a visitá-la à noite, no quarto. Todas as noites, todas as noites.

— É como se fosse meu marido. E ele acha até que estamos esperando um filho.

***

QUANDO O AMIGO íntimo chegou para a visita diária, sentiu no ar a consternação e a perplexidade. E foram logo lhe contando tudo: que fazer, se o que ela dizia fosse mesmo verdade?

— Mas sendo Armando um espírito, apenas... — tentou consolar o amigo.

— É, mas ninguém sabe até que ponto ele se materializa!

— Sim, mas daí para um filho...

— Foi ele que disse a ela. Isso que nos preocupa. E não ela que imaginou. Ele não iria se enganar nesse ponto.

— Que é que o povo vai falar! — gemia a mãe. — Já basta o que dizem: que a gente é maluca, macumbeira! E agora isto.

O velho cortou de repente:

— Nós temos pensado na possibilidade de um casamento. Pelo menos perante nós coonestava tudo. Tentei falar com Armando, propor... Poderia eu próprio ser o oficiante. Assim como um comandante de navio em alto-mar...

A mãe interpôs:

— Mas Armando não quis saber. Disse para Cremilda que tem horror a espiritismo. Por isso não se apresenta nunca aos pais dela, nem vai a sessões. Diz que nós somos fanáticos...

— E que casar, só no padre e no juiz...

— Mas como? — E dessa vez era o pai quem gemia. — Se ele não tem identidade civil! Nem documentos, pois os antigos, depois do óbito, evidentemente não servem mais... E não saíam desse debate, enquanto Cremilda engordava. Não muito, escandalosamente, mas o fato é que já não era aquela delgada figura de meses atrás. E padecia enjoos e tonturas, como seria de esperar do seu alegado estado. Apesar disso, dizia-se feliz. Não saía de casa, porque Armando era ciumento. Deixara de comer carne porque Armando era — ou fora — vegetariano. Passou a ler livros franceses, mal sabendo o francês (Armando ensina!):

— É porque ele é louco por André Gide.

Pelos sofás rolava o seu tricô, na gaveta iam se empilhando os casaquinhos de lã, as camisas de pagão.

Certa noite — era pelas contas de Cremilda o sétimo mês — o amigo, ao chegar, encontrou os apóstolos com ar ainda mais atormentado.

— Parece que vamos ter um prematuro.

Pela tarde, haviam começado as dores. Cremilda, sem escutar a mãe, fora deitar-se no divã do gabinete e exigira que a deixassem só: "Só com ele."

Os pais ficaram do lado de fora, cheios de angústia. A um gemido mais forte da moça a mãe não se conteve, entreabriu de leve a porta — e então sentiu que alguém a empurrava de dentro e corria o ferrolho.

Ah, a comprida noite de agonia, os gemidos que se entreouviam, os rumores abafados. O velho orava, de cabeça entre as mãos. A velha chorava, atirada numa poltrona.

Passou a meia-noite, veio a madrugada, os galos cantando. Afinal, pelas quatro horas, a voz de Cremilda chamou claramente a mãe.

Ergueram-se os dois velhos e chegaram tremulamente até à porta do gabinete: estava aberta. Entraram. No divã em desalinho, Cremilda repousava com ar exausto. No ar um cheiro vago de éter.

Afinal a mãe teve boca para perguntar:

— Você está bem, minha filha?

Ela acenou que sim:

— Sim, já estou bem.

— ... e... e a criança?

Cremilda virou a cabeça e respondeu num murmúrio fatigado:

— Era um menino. Ele levou.

O velho, no terror e no espanto daquilo tudo, chegou mais perto, segurou o braço da filha:

— Levou? Mas como? Como é que ele podia levar uma criança?

— Mas nasceu morto, papai... Quero dizer... nasceu com a natureza do pai... sem carne, propriamente...

E, ditas essas palavras, ninguém teve coragem de lhe perguntar mais nada, porque, de rosto enterrado no travesseiro, Cremilda chorava e parecia mais cansada ainda.

Rio, 14.6.1958

Diário do viajante clandestino em busca da terra dos dólares

Primeiro dia (aliás, noite): Escuro. "Não se assustem, no começo tem que ser assim", dizem os caras. Nos escondem no porão, entre sacos de carga. Me deito em cima de um, sem largar o isopor dos sanduíches. O cara recomendou: "Se não querem passar fome, levem o farnel." Só para o primeiro dia.

Madrugada: O corpo dói, mas o pior é o cheiro. De ranço, de mofo, de morcego. Continua escuro, só uma frincha de luz passa lá em cima. O chão balança: é apenas o casco de ferro entre nós e o mar. Meu Deus, e há ratos.

Um companheiro, ao lado, tenta brincar: "Negro cativo, num navio negreiro, ainda viajava pior..."

Manhã: Vem um tripulante e diz pra gente ter cuidado. O Velho (é o comandante) não sabe da nossa presença a bordo. "Você é que é o vigia?", pergunto. O cara encolhe os ombros: "Vigia? Vigia é aquela janela redonda, lá em cima, dando para o mar."

Parece que estou com medo, quem diria? Em terra era aquele clima — a aventura, entrar fácil nos States, mostrar quem se é, ganhar em dólar! Mas no escuro, assustado, vai-se o gás todo.

Outro, outros dias: Às noites a gente sobe para tomar ar, enquanto o Velho dorme. E se come alguma coisa — não mais sanduíche; nossa! Acabou. A gororoba deles é péssima. E, segundo os caras, é roubada, porque o cozinheiro não entrou no acordo. Melhorava se a gente pagasse algum por fora. Catamos nos bolsos — nada além de uns cruzadinhos magros, de lembrança. Um de nós reclama: "Mas a comida estava incluída na passagem!" O marujo ri na nossa cara. "Vocês não têm passagem!" E eu tento: "Pera aí, ô meu. Acho que a gente tem direito..." E ele, já subindo a escadinha: "Direito? Vocês não são nem gente. Nem passageiro nem carga. Podia-se jogar no mar, quem reclamava?" E o cara some, deixa a gente desesperado: "Mas nós pagamos! O que eles exigiram!" "Bem, contanto que nos larguem a salvo nos States. Lá tou solto!"

Continuava o medo, fininho. Pra que se foi sair de Governador Valadares? Ai, mamãe! Pior que começava a ficar frio lá embaixo. A gente puxa uma lona suja e tenta se cobrir. Acordo batendo o queixo. Um rato queria roer o meu tênis. Veio outro sujeito, fez um sermão: "Vocês vão estar no país por sua conta e risco. Nosso acordo é só a viagem e a travessia da barreira. Do lado de lá ninguém se conhece. E não se esqueçam: em terra vocês entram irregular; tratem de se esconder, não vão ter nem pai nem mãe, nem governo protegendo. Não podem apelar pro consulado. Vão com jeito, procurem os endereços que trouxeram." Um de nós fala ansioso: "Não tem ninguém nos esperando?" "Esperar? Tá louco?" E o cara até cuspiu: "Cada um vai receber uns trocados para o ônibus e os telefonemas. Daí vocês se virem."

Foi-se embora, ninguém falou mais. Deu foi uma vontade danada de chorar. Me consolei com a fantasia do astronauta lançado no planeta Mongo. Mas aqui é seco e duro, sem nem ao menos a pistolinha do Flash Gordon.

Último dia: O cara manda a gente fazer a barba, bonitinho, pra parecer americano. "Nada de bagagem. Nada de documento! Ninguém vai pedir; aqui ninguém porta documento."

O convés. Vento na cara. Afinal! No escuro, a gente desce a escada estreita no rumo de um barco que balança lá embaixo, contra o costado do navio. De um em um, baixam todos, eu por último. Ainda me faltam três degraus e de repente uma luz corta a escuridão, uma lancha chega de bruto. O farol me cobre e me cega, eu despenco pelos degraus, querendo escapar. Mas um braço preto se estira e, rápido como uma dentada, me abocanha o pulso com uma algema. A luz dói mais. O braço preto me puxa pela corrente, falam inglês ao nosso redor. E um companheiro geme, lá no barco: "Meu Deus! Eu já vi isso num filme!"

Rio, 16.9.1988

Ma-Hôre

Foi num dia de sol, daqui a muitos anos. Ma-Hôre, o homúnculo, meio escondido atrás de um tufo de algas, espiava o navio espacial que boiava no mar tranquilo, como uma bala de prata. Em torno do nariz da nave quatro gigantes se afadigavam, vaporizando soldas, rebatendo emendas, respirando com força pelos *aqualungs* que traziam às costas. Era a terceira daquelas naves que vinha pousar em Talôi, para espanto e temor dos aborígines. Os homens da primeira haviam partido, logo depois de pousados, sem tentativa de aproximação. Os da segunda desembarcaram, fizeram gestos de amizade para grupos de nativos que os espiavam de longe e, ao partir, deixaram presentes em terra — livros, instrumentos de ver ao longe e outros, de utilidade ignorada. Esses presentes, todos de tamanho desproporcional à raça dos Zira-Nura, foram levados para o museu, arrastados como carcaças de bichos pré-históricos. E agora a terceira nave viera boiar longe, em mar despovoado, a consertar avarias.

Por acaso Ma-Hôre a descobrira, a relampejar toda prateada, ao sol. Vencendo o medo, nadou até mais perto: do lado esquerdo da nave não se via nenhum gigante, só uma imensa escotilha aberta, quase ao nível da onda. Tremendo de excitação, Ma-Hôre nadou mais, até poder tocar com a mão o corpo metálico do engenho: teria alguma defesa elétrica?

Não, não tinha. A borda redonda da escotilha ficava ao alto, mas dava para alcançá-la com o braço erguido: içou-se até lá, espiou dentro, não viu ninguém.

Era tentação demais; Ma-Hôre não resistiu, ergueu mais o corpo na crista de uma marola, escalou o que para ele era o alto muro da escotilha e, num salto rápido, já estava no interior da nave desconhecida, a água a lhe escorrer do cabelo metálico pelo corpo liso.

Tudo lá dentro era feito na escala dos gigantes; a cabine parecia imensa aos olhos do pequeno humanoide. Mas ouvindo um ruído familiar, vindo de fora, ele correu a debruçar-se à escotilha: lá embaixo, na água, o golfinho da sua montaria erguia o focinho para o alto e silvava inquieto, a chamar o dono; Ma-Hôre debruçou-se mais, estendeu o braço curto, fez-lhe festas na cabeça maciça, depois o despediu com algumas palavras da sua branda linguagem aglutinante. O golfinho hesitou, mergulhou, emergiu e afinal se afastou, num nado vagaroso, a mergulhar e a aflorar, a virar-se constantemente para trás. Porém Ma-Hôre não esperou que ele sumisse, no seu intenso desejo de ver "aquilo" por dentro. Os enormes assentos estofados; as vigias de cristal grosso, lá em cima; o painel de instrumentos que parecia tomar e encher toda a parede... De repente sentiu que parara o ruído dos instrumentos a operar no casco externo e escutou o trovejo das vozes dos gigantes que se aproximava. Tomado de pânico, o homúnculo ia fugir para a água quando viu surgir à boca da escotilha uma das cabeças avermelhadas, logo seguida das outras três. Era tarde. Correu a se esconder sob um dos assentos. Tremia de medo; que lhe fariam os astronautas gigantes se o apanhassem espionando a sua nave?

Os homens pareciam exaustos, depois das longas horas passadas a remendar o casco avariado por um bólido. E, para aumentar o terror de Ma-Hôre, a primeira providência que tomaram foi rapidamente fechar as duas portas da escotilha. Logo puseram a funcionar a aparelhagem de ar-condicionado, restabelecendo o ambiente terrestre dentro da nave. Ma-Hôre se encolhia todo, sempre acocorado sob o estofo da poltrona. Preso, estava preso com as estranhas criaturas de rosto róseo e cabelo descorado, uma das quais tinha uma eriçada barba vermelha a lhe descer pelo pescoço. Já não se serviam mais dos *aqualungs*. Que bichos estranhos! E quando falavam, com suas vozes ásperas, os tímpanos do homúnculo retiniam.

Passados alguns minutos, Ma-Hôre, ainda escondido, começou a sentir-se mal. Dava-lhe uma tontura, parecia que estava bêbedo, que tomara uma dose grande demais de malê, a sua aguardente predileta, feita de amoras-do-mar... e quanto mais o ambiente se oxigenava, mais o pequeno visitante sentia a sua ebriedade se agravar. Agora o atacava uma irresistível vontade de rir, uma alegria irresponsável. Perdeu o medo dos gigantes, pôs-se a cantar; e afinal, roubado de todo o controle, saiu do esconderijo, rebentando de riso, rodopiando pelo tapete, a agitar os braços, dança que lembrava a dos pequenos diabos verdes que atormentam os Zira-Nura nas horas de furacão.

O ruído insólito despertou os astronautas do seu torpor de fadiga. Cuidaram primeiro que era o alto-falante com alguma transmissão extemporânea. Mas deram com os olhos no pequeno humanoide, a dançar e a rir, sacudindo a juba negra. Mitia, o caçula dos tripulantes e ainda um pouco criançola,

53

disparou também numa gargalhada, contagiado, e tentou colher do tapete o anão intruso. Porém Ma-Hôre conseguiu fugir da mão enorme, que evidentemente receava machucá-lo, e continuou dançando e gargalhando. O navegador, Virubov, ajoelhou-se no chão para o ver de mais perto:

— Não disse que esses aborígines eram anfíbios, comandante? Olhe os pés de pato!

Mitia observou:

— E como é pequenino! Será uma criança?

Os outros também vieram se ajoelhar em torno, a contemplar o visitante, que prosseguia no seu insano sapateado. De estatura não teria dois palmos. Os pés nus, de dedos interligados por membranas, os braços curtos semelhantes a nadadeiras, terminados por mão de pelo de lontra, confirmavam a sua condição de anfíbio. A pele do corpo era de um grão mais grosso que a dos homens, lisa e cor de marfim. Os olhos enviesados, de cor indefinida, a boca larga, o nariz curto, pequenas orelhas redondas que a juba quase escondia.

— Não, é pequeno, mas evidentemente se trata de um adulto — observou o comandante. — Que é que ele tem? Será louco?

O copiloto, que também era o médico da equipe, entendera o fenômeno:

— Não, ele está bêbedo com o nosso ar. Como a atmosfera deles é muito rarefeita, a nossa lhes faz o efeito de um gás hilariante. Vamos dar um jeito, senão ele morre intoxicado.

Mitia teve uma ideia: abriu a porta externa da escotilha, fechou a interna, até que a pequena câmara entre as duas portas se enchesse da atmosfera do planeta a que os terrestres davam o número de série de *W-65*. Depois Mitia fechou a porta externa e carregou o homúnculo, já meio desmaiado, para o compartimento estanque que se enchera com o seu ar natural. Ma-Hôre respirou fundo, como um quase afogado posto em terra. Rapidamente se refez; dentro em pouco já se sentava, olhava em torno, e logo correu à porta externa: mas nem sequer alcançava a roda metálica que manobrava a escotilha. Pelo vidro que os separava da câmara de entrada, os tripulantes espiavam o seu clandestino. O comandante gostaria de o levar para a Terra — mas, além de ser impossível mantê-lo todo o tempo ali, que fariam quando esgotasse a provisão de ar apanhada em *W-65*?

Akim Ilitch, o médico, se propôs então a fabricar um pequeno *aqualung* para o hóspede. E quanto ao ar — a segunda expedição que estivera ali levara uma amostra da atmosfera de *W-65*; eles tinham a fórmula. Seria fácil preparar uma dosagem idêntica, encher o balão do *aqualung*...

Ma-Hôre, ante a impossibilidade de fugir, encostava ao vidro divisório o seu rosto súplice, fazia gestos imploratívos, articulava pedidos que ninguém podia escutar.

Mitia pegou num papel, desenhou a figura de um homúnculo com um *aqualung* às costas e o mostrou ao visitante, através da vidraça; em seguida, apontou para Akim Ilitch, que já adaptava um pedaço de tubo plástico a um pequeno balão metálico e que depois o foi encher nas torneiras de ar armazenado, regulando cuidadosamente as dosagens, com o olho na agulha dos *dials*. Ma-Hôre pareceu compreender — mostrou-se mais calmo. Daí a pouco, Akim Ilitch abriu a porta e lhe ajustou às costas e ao nariz o improvisado aparelho respiratório. O homenzinho imediatamente lhe percebeu a utilidade, e em breve circulava pela nave, amigável, curioso; por fim tirou do bolso do seu traje de pele de peixe um toco de grafite e puxou sobre a mesa do navegador uma folha de papel. Mostrava para o desenho mais habilidade que Mitia, e, com traços rápidos, desenhou a nave, a escotilha aberta; sobre essa escotilha desenhou a si mesmo, na atitude clássica do mergulhador, a pular para a água lá embaixo. Pedia para ir embora, é claro.

Mas o comandante, fazendo que não entendia a súplica desenhada de Ma-Hôre, deu algumas ordens rápidas aos tripulantes. Cada um ocupou o seu posto; antes, porém, instalaram o pequeno hóspede, que esperneava recalcitrante, num assento improvisado com algumas almofadas. Sobre elas o ataram, embora Mitia, para tranquilizar um pouco o apavorado Ma-Hôre, lhe demonstrasse que eles também se prendiam com o cinto dos assentos — que a medida era de segurança, não de violência. Dando provas da compreensão rápida que já mostrara antes, o Zira-Nura conformou-se. Ademais, o estrondo da partida, a terrível aceleração, o puseram a nocaute. Quando voltou a si, viu que a nave marchava serena como um astro e que Akim Ilitch lhe ajeitava, solícito, o conduto de ar do *aqualung*. Verificou também que estava solto. Em redor, os outros sorriam. E o comandante, segurando-o pelo pescoço como um cachorrinho, o pôs de pé sobre a mesa e o apontou para a vigia: no vasto céu escuro, um globo luminoso parecia fugir velozmente. O comandante apontou para o globo, falou algumas palavras e desenhou uns símbolos no papel. Escreveu a sigla *W-65*, e Ma-Hôre, embora não pudesse ler aquilo, tinha entendido. Porque, voltando-se para o astronauta, com um ar de profunda mágoa, perguntou num murmúrio:

— Talôi?

Os outros é que não o entenderam e o fixaram, interrogativos. Aí Ma-Hôre puxou o seu bastão de grafite e riscou nuns poucos traços uma paisagem de mar e terra, povoada de homúnculos à sua imagem. Mostrou-a aos outros repetindo: "Talôi." Depois apontou o globo luminoso:

— Talôi?

O comandante entendeu que aquele era o nome nativo de W-65. E gravemente concordou:

— Sim, é Talôi.

A sorte, pensavam os astronautas, era que o seu pequeno cativo tinha um coração ligeiro ou filosófico. Porque depressa aceitou o irreparável e tratou de adaptar-se. Auxiliado pelos desenhos, com rapidez adquiriu um bom vocabulário na língua dos humanos. Tinha a inteligência ávida de um adolescente bem-dotado. A sua simpatia, o seu humor tranquilo, também ajudavam. A viagem era longa, e, passado um mês, ele já falava e entendia tudo e travava com os tripulantes compridas conversas. Ouvia coisas da Terra, com um ar maravilhado — as grandes cidades, as fábricas, as viagens espaciais, as fabulosas façanhas da técnica. E também contava coisas da sua gente, que, na água, elemento dominante em nove décimos do pequeno planeta, passava grande parte da sua vida.

Fazia desenhos representando as aldeias com as suas casas de teto cônico, destinadas a protegê-los principalmente do sol, que os maltratava muito. Akim Ilitch quis saber se eles não faziam uso do fogo, pai de toda a civilização humana, na Terra. Não, Ma-Hôre explicou: a sua natureza anfíbia temia e detestava o fogo: talvez por isso os Zira-Nura, embora tão inteligentes, não se houvessem adiantado muito em civilização. Além do mais, o pouco oxigênio que tinham na atmosfera não facilitaria a ignição, sugeriu Virubov, o navegador.

Mas já haviam descoberto a eletricidade e os metais que desprendem energia, como o rádio, e já os usavam imperfeitamente. Como viviam em pequenas tribos e não se interessavam por disputas de território — o mar, fonte das matérias-primas, chegava para todos —, não se aplicavam em armas de guerra; possuíam apenas armas de caça e defesa, destinadas a livrá-los das feras aquáticas — cetáceos, peixes e moluscos. Falavam uma língua harmoniosa que, aos ouvidos dos homens, lembrava o japonês. Cultivavam as artes, principalmente a poesia, imprimindo livros com ideogramas da sua escrita — que Ma-Hôre reproduzia —, usavam como papel folhas de papiro de campos submarinos. Gostavam de pintar, de esculpir, de cantar; e Ma-Hôre, depois de escutar com respeito da boca dos homens (que ainda não tinham perdido a mania da propaganda) a história das suas lutas pela sobrevivência e pela civilização, explicava, como se pedisse desculpas, que, dadas as facilidades das suas condições de vida, os Zira-Nura tinham caminhado mais no sentido da arte do que no da técnica... O nome Zira-Nura queria dizer "senhores da terra" e do mar. Para o justificar, domesticavam alguns animais — uma espécie de lontra minúscula que lhes fazia as vezes de cão, e algumas aves para consumo doméstico. No mar, domesticavam uma variedade de golfinho que lhes servia de montaria, de gado leiteiro e produtor de carne. No mais, eram monógamos, politeístas, democratas, discursadores, com uma elevada noção do próprio ego. E o comandante os definiu numa palavra única:

— Uns gregos.

Ao que a tripulação assentiu, no velho hábito da unanimidade: sim, uns gregos.

A etapa seguinte na "educação" de Ma-Hôre notabilizou-se pelo seu intenso interesse pelo trabalho dos astronautas e pela rotina de bordo, especialmente pelo funcionamento e trato dos aparelhos de ar-condicionado, aos cuidados do seu predileto, Akim Ilitch. Logo assimilou o mecanismo delicado das dosagens, o manejo dos compressores. Com pouco, Akim Ilitch, divertido, já o deixava renovar sozinho a carga do balão do seu pequeno *aqualung*, cujo uso Ma-Hôre não podia dispensar. Para a noite, porém (ou antes, no intervalo dedicado ao sono, pois ali não havia dia nem noite), Mitia e o médico haviam transformado um pequeno armário embutido na parede em câmara estanque, cheia do ar adequado, onde o homenzinho dormia. Por iniciativa própria, Ma-Hôre tomou a si o cuidado dos tanques hidropônicos, onde se fazia cultura de algas para a purificação do ar e produção de alimentos frescos. Nessa hora, gostava de mergulhar longamente o rosto na água, fazendo funcionar as pequenas brânquias ressequidas. E também se ocupava com vários outros pequenos serviços dentro da nave, amável e diligente.

No tédio da longa travessia, os homens tomavam gosto pela instrução daquele aprendiz tão solícito. E ele, depois que o mecanismo de aeração não lhe escondia mais nenhum segredo, dedicou-se à navegação. Ficava longas horas ao lado de Virubov, enquanto o navegador anotava mapas e conferia cálculos. Mas não entendia nada, queixava-se e Virubov o consolava, dizendo que ele carecia do indispensável preparo matemático. Ma-Hôre, porém, insistia em saber: era mesmo dali que dependia a orientação da nave, o seu rumo para a distante Terra? E tal era o seu empenho em compreender que certo dia o comandante o pegou pela mão e o levou ao santo dos santos: o cérebro eletrônico da nave. Explicou que seria impossível orientar a rota nas distâncias do infinito, como quem dirige uma simples máquina voadora. O menor erro de cálculo daria um desvio de milhões de quilômetros. Só o cérebro podia pilotar a nave: naquela fita de papel perfurado lhe eram fornecidos os dados, e o maravilhoso engenho eletrônico controlava tudo até a chegada.

Daquela hora em diante, Ma-Hôre se declarou escravo do cérebro. Limpava-o, polia os metais expostos, estava sempre presente e atento quando o comandante vinha fazer o seu controle diário. Os companheiros diziam rindo que, quando chegassem à Terra, lhe dariam um cérebro eletrônico como esposa. Ma-Hôre sorria também, mas com um estranho brilho nos olhos enviesados.

A viagem se alongava, infindável. Era tudo tão sereno dentro da nave que a disciplina relaxara e ninguém dormia mais em turnos alternados de repouso, de dois em dois. Todos juntos dormiam durante a "noite" e, de "dia", faziam refeições regulares, almoço, jantar e ceia, numa agradável rotina doméstica. Naquela "noite" repousavam todos, pois, quando Ma-Hôre, com o seu *aqualung* posto, abriu sutilmente a porta da cabine condicionada. Visitou os tripulantes nos seus beliches: dormiam, sim. Dirigiu-se em seguida ao aparelho condicionador do ar e mudou a posição dos botões de dosagem. Em breve um cheiro forte encheu a nave e Ma-Hôre voltou à sua cabine, onde esperou uma hora. Pôs de novo o *aqualung* e saiu. De um em um tateou o pulso dos astronautas: já não batia. Por segurança, Ma-Hôre esperou mais uma meia hora e fez segundo exame: os homens estavam mortos, bem mortos.

Com gestos seguros, ele abriu uma válvula e deixou que escapasse para fora o ar envenenado; findo o quê, deixou entrar um ar novo — o bom, o doce ar de Talôi. Liberto do *aqualung*, respirou forte e fundo, com um sorriso feliz. Cantarolando, dirigiu-se ao cérebro eletrônico: e repetiu, como num rito, as complicadas manobras que o comandante lhe ensinara para o deter. Copiou numa fita nova, cuidadosamente invertidos, os dados com que o cérebro fora alimentado, levando os de W-65 até aquele ponto. Pôs a fita na fenda, apertou os botões — fiel ao que aprendera do pobre comandante, agora ali tão morto, com o rosto esfogueado pela barba ruiva.

E, afinal, foi espiar pela vigia, para ver se o céu mudara, na marcha de regresso à terra dos Zira-Nura.

S.d.

Flagrante carioca

O menino estendeu a mão, me ajudou a galgar o meio-fio; eu corria, na afobação de fim de sinal, contrariando aquele preceito de José Olympio: "Sinal, só fresco." Sorri grata, o menino me soltou a mão e disse uma palavra inesperada: "Mamãe!" Teria uns cinco ou sete anos raquíticos. Bermuda de perna esfiapada, evidentemente cortada de um jeans de menino maior. Camiseta de malha, novinha, estampada com um tucano, chinela japonesa. Mulatinho claro, sorria com um dente banguelo. A pessoa que eu vinha encontrar naquela parada de ônibus não tinha chegado ainda; puxei conversa com o menino: "Você me chamou de mamãe? E eu tenho cara de mãe? Você devia me chamar de avó!" Ele indicou com o queixo uma senhora gorda, sentada num banco ao lado do tabuleiro onde expunha uns trapinhos coloridos: "Vó é aquela!" E tornou a sorrir: "Você não quer comprar um biquíni?"

Pensei que fosse gozação, mas não era. O garoto me puxava para junto do tabuleiro: "Compra. Ela faz baratinho."

Ele queria ajudar a avó, mas estava na cara que não tinha senso de proporção. Ou tinha? Porque enquanto eu folheava os minúsculos biquínis, ele ajuntou: "Se você não gosta, leva pra tua filha." Me cheguei para a avó, que sorriu também, encabulada. "Eu não tenho mesmo jeito pra cameloa. E então ele faz a propaganda."

Pra passar o tempo, fui negociando um biquíni. Podia dar à menina do escritório. O guri voltara ao seu posto, oferecia a mão a duas senhoras que discutiam e nem escutaram o seu "mamãe". E depois uma mulher nova, no braço uma criança que fazia manha, baixou os olhos sobre ele, áspera: "Mãe? Ora essa! Já não me basta esta pestinha chorona?" E seguiu, sacudindo a chorona. Ele parece que se intimidou, porque deixou passar três colegiais com pinta de freguesas. Depois uma moça se chegou, estudou as peças, não comprou nada e ainda debochou: "Já estudei o modelo, vou fazer igualzinho lá em casa!"

Afinal o garoto capturou uma cliente; a mulher, que era gordota, examinou um biquíni, suspirou: "Bonitinho! Mas não cabe em mim." O moleque, aí, sugeriu: "Compra dois e emenda!" A mulher não se zangou: "Garoto folgado, você! Tá me gozando, é?"

A cameloa me explicou de repente: "Eu digo a ele pra chamar as freguesas de *tia*. Mas ele encanzinou nesse papo de *mamãe*. Diz que *tia* é a professora. E nem ao menos vai na escola!"

O ponto de venda era fraco. Eu já estava ali há uma porção de tempo e a dupla ainda não vendera nada. Mas a velha não se impacientava, olho nos passantes, olho no menino. Um senhor de meia-idade se chegou; escolheu um biquíni bem *biquinininho*, como dizia o Vinicius, pagou sem pedir por menos, viu que eu estava olhando, falou: "É pra minha sobrinha..." O sem-vergonha do moleque virou-se para mim: "Eles sempre dizem que é pra sobrinha..." De lá, a velha ralhou: "Que é isso, José Redfor!"

Eu quis saber: "A senhora que escolheu esse nome pro seu neto?" E ela: "Neto? Eu alugo ele da madrasta, minha vizinha."

O professor que eu esperava descia afinal do ônibus, quase derrubando os livros que trazia soltos na mão. Redfor o socorreu e eu me voltei pra ver qual seria o lance dele: com o seu sorriso sem dente, perguntou, muito doce: "Cadê a mamãe?"

Rio, 30.9.1988

O homem que plantava maconha
ou o Exu Tranca-Rua

I

Esta história é um pouco comprida e complicada e merece, portanto, ser contada em dois folhetins. (Aliás, sempre tive paixão por folhetins.) O caso foi que em dias da semana passada apareceu um homem morto na esquina do Tenaro, aos fundos do cemitério. Homem ainda novo, preto de cor, vestia um calção de banho e tinha ao lado, caída, uma bicicleta velha — um caco de bicicleta, a bem dizer. Estava de borco o defunto; e quando o reviraram para lhe descobrir o rosto, viram que o seu corpo encobria uma oferenda a Exu: marafo, alguidar com farofa, charutos, fósforos, dinheiro. Tanto que a princípio pensaram que ele caíra de bêbedo, porque o cheiro da cachaça trescalava ao redor. Mas depois se viu que o cheiro vinha da cachaça derramada — quase a garrafa toda se embebera no chão e no cadáver. No corpo, não havia ferida, sangue ou sinal de violência. Se tinha injúria, era por dentro.

O despacho afastou os curiosos. Ninguém queria meter a mão naquilo. Nem uma vela acenderam para o coitado, que ficou ao sol da manhã, horas e horas, enquanto se esperava o rabecão.

Por fim, o levaram para o necrotério. Lá ficou na geladeira uns dias e, como não aparecia ninguém a reclamar o corpo, fizeram autópsia. Que aliás tinha de ser feita de qualquer jeito, pois não podiam enterrar sem atestado, e médico nenhum daria atestado sem ver o que houvera por dentro. Mas em vão os doutores cortaram o homem de cima a baixo. Não se via órgão atingido, nem vestígio de veneno, nem corte de faca, nem marca de estrangulamento, nada. Não se descobria igualmente o menor sinal de moléstia que pudesse responder pela morte repentina. Tratava-se de um homem dos seus trinta e poucos anos, ossos rijos, pele intacta, coração perfeito, estômago, fígado, bofes, tripas e mais miúdos, tudo legal completamente. Apareceu um investigador fazendo sindicâncias. Será possível que um homem achado assim, morto, de calção de banho e bicicleta — sinal de que morava perto —, não tivesse um parente ou um conhecido?

Afinal apareceu um. Conhecido propriamente não — era o dono de um bar onde o rapaz costumava comprar cigarros. Informou que o falecido morava no morro do Bugue-Iugue, vivia com uma mulatinha por nome Ivonete e não trabalhava efetivo — apanhava um biscate aqui e ali.

De déu em déu o investigador acertou com o barraco do defunto. Ivonete, porém, tinha sumido — por sinal o rancho estava de porta escancarada, os poucos trastes abandonados e, no meio da salinha, uma lata queimava um pó defumador, para descarregar, decerto.

No quintal, encostado ao telheiro da cozinha, uns canteiros, talvez de hortaliça. Mas o curioso é que neles uma folha não se via, fora tudo arrancado, revolvido, mal se descobrindo uns restos de raiz.

O polícia indagou de um vizinho, indagou de outro, ninguém sabia de nada. Ele não entendia o mistério. Por que o pessoal não falava? Aí o tira voltou ao bar, e o botequineiro então se lembrou de que a pequena, a Ivonete, dizia que tinha mãe em Mesquita.

Em Mesquita, não foi difícil encontrar: a mãe era moradora antiga, todo mundo conhecia a Ivonete. A qual, posta debaixo de confissão, com um pouco de ameaça, bastante jeito e diz que até algum carinho (porque polícia também é gente como nós), a rapariga acabou descobrindo tudo. Não vê que o crioulo plantava maconha no quintal? Ele era do Nordeste, estado de Alagoas, e lá estava acostumado a cultivar o seu roçadinho da diamba, que vendia regularmente a um motorista de caminhão, desses que fazem a Rio-Bahia e aqui na cidade têm ponto no Campo de São Cristóvão. Mas veio a polícia de Arnon de Melo com novidade, perseguindo maconheiro, deu em cima do roçadinho; para escapar das grades o nosso defunto entupiu na caatinga, conseguiu passagem num pau de arara e emigrou para o Rio.

Aqui tentou serviço: servente de pedreiro, trabalhador braçal, essas coisas. Mas a pessoa acostumada na agricultura não se ajeita com outra lide. Mormente a agricultura dele, que era como plantar ouro em semente no chão e ver cada folhinha virar ouro de novo, mas em moedas e notas de cem. Acostuma mal.

Agora, invenção nova que ele aprendeu e adorou foi de frequentar tenda, ou terreiro — que lá na terra dele não tinha disso. Tomou um gosto, que foi como se tivesse nascido naquilo. E daí se vê como a gente neste mundo é cega: pois a lei que ele adotou com tanto amor, largando da lei católica em que foi criado — essa mesma foi a sua perdição, como será contado no próximo folhetim.

II

Já falei que o nosso amigo se chamava Henrique? Henrique, sim, mas o tratavam de Rico. Pois Rico se meteu na lei do terreiro, e de quimbanda era ela; e parece mesmo que o moleque tinha nascido para cavalo de santo. Era só começar a sessão, o primeiro a incorporar era ele, caía no chão, falando língua africana, dando grito, espumejando. E com o tempo foi ficando tão afiado que já nem precisava de sessão para incorporar. Recebia em qualquer parte, em casa, no trabalho — razão por que deixara de trabalhar de todo quem trabalho já pouco apreciava.

Tempos antes fora ele a uma feijoada em Mesquita e arranjara namoro com a falada Ivonete, que acabou vindo morar com ele. E, como homem que tem mulher e procura aquietar a vida, foi tratando de se afazendar e plantou então os canteiros do quintal, com a semente que trouxera consigo, apesar da fuga precipitada. Para os vizinhos dizia ora que a planta era remédio, ora que era para banho de descarga; mas era mesmo a velha diamba, que ele, depois de colhida, secava no quarto por cima da cama, e por fim vendia àquele mesmo dito motorista, seu antigo freguês do Norte, e que continuava com ponto no Campo de São Cristóvão.

Esqueci de dizer que a Ivonete, antes de contar sua história ao investigador, fora ao quarto e trouxera um embrulho de jornal contendo a erva que apanhara no barracão do Bugue-Iugue, no momento de partir. Depois foi que ela disse tudo, aliviada daquele peso.

O mal de Rico, como se disse acima, foi, ao se meter em terreiro, não ter procurado linha branca de umbanda que só cuida no bem e na caridade. Mas não: foi dar logo com tenda de quimbanda, que faz magia negra e lida com tudo quanto é coisa ruim que ande vagando pelas falanges do mal. E com aquela facilidade do pobre de incorporar, de cair em transe como quem dá um suspiro, logo quem foi fazer cavalo dele — pois foi Exu, e não um Exu manso ou pequenino, mas Exu Tranca-Rua, que, mesmo encontrando barreira, só sabe chegar mas é muito e é de com força. Quanto mais vendo-se à vontade, Exu fazia misérias com aquele seu cavalo. A fala era de assombrar, parecia um ronco de bicho, o revirar dos olhos, as danças, o comer e o beber, os tombos que só não quebravam perna, braço ou costela porque na sessão sempre o guia faz a defesa. Defesa, porém, só pode ser na sessão. E quando começou aquela tal facilidade de incorporar até na rua, já se vê que o pobre do Rico estava perdido. E então ele começou a ter medo, e já fugia de ir ao terreiro, mas Exu não fazia conta, pois sabia pegar o seu cavalo onde queria.

Nesse desespero, Rico, que plantava, mas nunca provara a erva, era só lavrador e comerciante, viu-se tão desesperado que, para aliviar o coração, um dia provou, gostou e ficou usando. Não fumava: apreciava mais a infusão da folha na pinga. Bastava um gole e se sentia forte e valente, a salvo da perseguição.

Pois lá vai uma noite, saiu ele para a casa de um conhecido, a apanhar o resultado de uma aposta na centena da borboleta que os dois tinham feito de sociedade. Ia pedalando — a Ivonete viu tudo, pois também vinha, montada no quadro da bicicleta — e quando chegou na encruzilhada do Tenaro com a ladeira lá estava o despacho arrumadinho, posto ali fazia pouco, parecia até de propósito. Rico mudou a vista, deu força no pedal. Sabia que aquilo era oferenda a Exu das Encruzilhadas, que nada tinha com ele. Porém, Exu Tranca-Rua, que todo mundo sabe como é ciumento, não podia perder a ocasião. E tanto se divertiria em roubar a marafa do outro Exu como em se vingar do seu cavalo que agora fugia do terreiro e que ele só podia ocupar quando o encontrava desprevenido. Sei que quando Rico deu de si já desmontara da bicicleta. Ivonete desceu também, que não poderia se equilibrar sozinha, e ficou pregada no chão, morrendo de medo, pois logo sentiu que Rico estava incorporado. Quanto mais que ele bebera o seu gole de pinga dosada com a diamba, pouco antes de sair. Caminhando de perna dura, o olho vidrado, Rico deu dois passos até chegar junto ao despacho. Baixou a mão, revolveu a farofa, com o dedo, atirou longe uma moeda, sonâmbulo, sonâmbulo de todo. Apanhou o charuto, que chegou aos lábios, mas soltou antes de morder. Por fim pegou na garrafa, tirou a chapinha nos dentes — imagine só que força de transe — e foi tacando a marafa na boca.

Mas aquilo também era demais para o Exu dono do despacho. Vendo o cavalo do outro mexer no que era seu, baixou ele também, e ficaram os dois metidos dentro do negro, aos empurrões e aos sopapos. O pobre Rico dava cada gemido de cortar coração. Caiu por terra, espumando. Afinal não se sabe o que fizeram os dois Exus, de briga no couro dele; Rico ainda tentou se levantar, ficou de gatinhas, mas as forças não lhe deram para ir adiante: se arrastou um pouquinho e foi cair de borco por cima do despacho. Morto.

Ivonete, coitada, saiu dali correndo, não pegou sequer na bicicleta. De tanto medo ia sem fala. Chegou ao barraco, juntou os trapos na maleta e ia saindo quando se lembrou dos canteiros. Teve medo de ser descoberta — ou lhe deu ambição de vender, ninguém sabe, mas mulher por dinheiro é capaz de tudo, mesmo numa hora assim. Arrancou a folhagem, enrolou o molho num jornal e levou consigo — aquele mesmo jornal que agora apresentava ao investigador, tremendo o beiço e se desculpando.

O que a moça não compreendia era o caso da lata queimando com o pó de defumar. Isso ela não deixara. Havia de ter sido algum vizinho. Mas nunca se apurou direito qual.

Ilha, maio de 1956

Duas histórias para o Flávio
(Ambas de onça)

Esta é a primeira: Morava na serra do Estevão um velho por nome Luiz Gonçalves, caçador e famoso matador de onças. Fazendo as contas, dizia que só de onça-tigre já matara onze; das pixunas, vinte e seis; das pintadas, quarenta; maçaroca, suçuarana, onça-vermelha, nem contava — para ele já nem era onça, era gato.

Não guardava os couros em casa porque era pobre e vivia de vender as peles do que caçava. Mas a cada onça morta tirava alguns dentes, e já tinha um saco cheio deles; e entre esses se achavam os dentes de uma tigre velha que ele fora matar no Piauí, e até pareciam dentes de lobisomem de tão grandes e amarelos.

Mestre Luiz queria bem a duas coisas no mundo: à sua espingarda Lazarina que nunca lhe fizera uma vergonha e ao seu filho Luizinho, agora com quinze anos, e que o pai andava ensinando nas artes de caçador.

Luizinho já sabia rastrear uma caça quase tão bem quanto o velho, já chumbava uma marreca no voo e até já matara de chuço o seu gato maracajá. Era um menino calado e tanto tinha o pai de pábulo quanto ele de sonso. Nas histórias de caçador, só o pai falava e contava vantagem, Luizinho não ajudava em nada; ficava num tamborete, a um canto, e se contentava em sorrir encabulado, muito vermelho, quando alguém o metia na conversa e pedia confirmação de alguma façanha mais mirabolante. Mesmo porque nem precisava falar. Se mestre Luiz se gabava pelos dois, dizia que o menino já dava parte de tanta coragem que ele, que era pai, se assombrava, não fosse aquele frangote fazer alguma arte!

Razão por que ainda não deixava o Luizinho ir caçar só, pois menino atrevido como aquele — vou dizer — pode ser que se encontre parecido, mas igual nunca.

Ora, um dia mestre Luiz recebeu recado do coronel Zé Marinho do Barro Vermelho para que fosse matar uma pintada que lhe andava comendo os carneiros e até mesmo se atrevera a sangrar um bezerro no pátio da fazenda. A gata parece que tinha furna naqueles serrotes de perto, porque o rastro que deixava ia limpo e grande até se sumir quando encontrava pedra. A bicha era tão ladina que, se ficava na pedra sinal de sangue dos bichos que arrastava, ela achava jeito de apagar — talvez lambendo; o certo é que até então ninguém lhe localizara a furna.

Ninguém — até chegar mestre Luiz. Porque, assim que a noite fechou, ele amarrou um cabrito mesmo no pé do serrote onde maldava mais que a pintada morasse, e ficou na espera junto com o Luizinho e o cachorro onceiro.

Pelas dez da noite a onça urrou lá em cima. Desceu depois, chegou-se ao cabrito e, ou porque desconfiasse, ou porque estivesse de barriga cheia, abanou o rabo, deu meia-volta e tornou a subir.

O caçador é que não precisava de mais nada. Do seu esconderijo acompanhou os movimentos da onça, esperou que ela saísse e levou o cachorro para tomar faro no rastro. Guiado pelo cão, foi subindo a pedra, sem engano, dando volta, contornando cada despenhadeiro que dava vertigem, subindo e descendo até que, com uma hora de escalar serrote, deu de repente com a entrada da furna.

O cachorro pôs-se a gemer, ansioso, e lá de dentro o esturro da bicha acuada foi respondendo. Mestre Luiz preparou a forquilha, o chuço, a faca. Mas quando se voltou para chamar o Luizinho, viu que o menino apavorado se encolhia num desvão de pedra, amarelo de medo.

Aí deu no velho uma raiva danada, e ele resolveu ensinar o filho de uma vez por todas. Chamou de manso:

— Vem cá, Luiz, não tem medo, quem vai matar a onça sou eu.

Depois de muito rogo o menino se chegou, tremendo. O velho de supetão jogou as armas na boca da furna, e com um pescoção empurrou para dentro o Luizinho. Pegou num pedaço de laje, tapou a entrada da lapa e gritou para o rapaz:

— Filho meu não tem medo de onça, seu mal-ensinado! Vou voltar pra minha rede na espera, e não me apareça de volta sem levar o couro da pintada!

Realmente, ao raiar do dia Luizinho apareceu. No ombro trazia as armas, no chão arrastava o couro da onça. Tinha a cara tão lanhada das unhas da fera que quase não se lhe via feição. A roupa virara molambo, o chapéu se perdera. Quando ele viu o pai, foi levantando a mão para tomar a bênção. Mas no meio se arrependeu.

— A bênção não senhor, que eu nunca mais lhe tomo a bênção. Bênção se toma a pai, e quem tranca o filho numa furna com uma onça não é pai, é carrasco! Taí o couro da pintada. E o senhor arranje outro, porque nunca mais me verá.

Dito isso, rebolou o couro nos pés do velho, deu meia-volta e saiu correndo, sem nem ao menos olhar pra trás. Desse dia em diante nunca mais o viram. Depois chegou história que tinha virado cangaceiro e se metera num bando da serra Talhada. Mas nunca se soube ao certo.

* * *

A OUTRA HISTÓRIA se deu no Amazonas. O sujeito me contou que tinha saído de madrugada na sua estrada de seringa. Não sabe como, se distraiu, deixou a vereda batida; quando deu em si estava perdido na mata.

Rodou, rodou, até que topou com um pau tão grosso que quatro homens de mãos dadas não o abarcavam. E acontecia que esse pau tinha um oco bem no meio, cavado a modo de um pilão — sendo porém que o tal pilão tinha umas duas braças de fundo por uma braça de largo. E por uma fenda que mostrava o interior do oco ele viu que uma onça ali agasalhara a ninhada e dois filhotes roncavam e buliam lá dentro.

A onça não estava no ninho; e o homem, deu-lhe uma grande vontade de apanhar os gatinhos e os levar para criar. Com muita dificuldade subiu no pau, se agarrando num cipó, e foi descendo pelo meio do oco, em procura dos gatos. Mas a meio caminho o cipó rebentou, e ele caiu em cheio dentro da cova da onça.

Então é que foi o diabo. Porque o oco era liso sem falha e ele não via jeito de se safar do buraco. Tentou que sangrou os dedos, deu pulos de doido, e só o que conseguiu foi cair por cima de um dos gatos, que lhe enfiou os dentes no calcanhar. Acabou o infeliz se sentando no chão, chorando de raiva, no meio da catinga de carniça.

E o pior não era isso, o pior foi mesmo quando a onça velha apareceu, farejou pela fenda e veio ver o que lhe acontecera aos filhos.

De um salto a fera subiu no pau, e de lá de cima veio, baixando, mas de costas, primeiro o rabo, depois os quartos, enquanto ia se agarrando com as unhas para amortecer a descida. E aí o homem, que já encomendara a alma a Deus, teve de repente uma ideia.

Estendeu a mão e quando o rabo da onça chegou ao seu alcance, agarrou-se a ele, dando um berro com toda a força do peito:

— Onça!!!

Assombrada com o berro, sentindo-se presa, a onça armou o pulo e atirou-se para cima. E com ela subiu o camarada, só lhe soltando o rabo quando tocou com os pés no chão. A onça sumiu no mato, como um corisco. E o homem se benzeu, fechou os olhos. E assim mesmo com os olhos fechados, mas correndo como um desesperado, nem sabe como deu com o terreiro de casa.

Não Me Deixes, 9.6.1962

Marmota

Aqui ninguém duvida de que marmota existe. Quase todo mundo já viu. De noite, nas conversas do terreiro, é raro quem não tenha seu caso a contar. Marmota não é bem fantasma, pode ser alma do outro mundo, ou é uma aparência, uma coisa do mato, quem sabe? Às vezes é um bicho. Em geral é um vulto; e também um ruído, uma chama. Aparece de noite ou de dia.

Todo mundo encara as marmotas como realidades do cotidiano, que fazem um medo desgraçado, mas com as quais se tem que contar. E há delas passageiras, como há outras muito antigas. No caminho de chegada à fazenda de minha irmã, no Choró, existe uma pedra grande, escura, bem na descida de um alto. O povo a chama Pedra do Bicho, porque ali costuma aparecer uma marmota; e já faz mais de cem anos que ela se mostra. Milhares de pessoas já a encontraram: pode ser do tamanho de um porco, ou do tamanho de um cavalo, mas é sempre preta e com uma barriga mole, se arrastando. Às vezes se encontra cascavel morta junto da pedra, às vezes um preá. É o bicho que mata. Alguns falam que há muitos anos apareceu ali uma ossada de gente, ainda com as carnes. Engraçado, nesses anos todos nunca mudaram o caminho.

No corte da estrada de ferro, na saída da lagoa da Carnaúba, compadre Chico Barbosa vinha uma noite com o seu filho Eliseu e de repente lhes surgiu à frente aquele vulto preto, de andar arrastado, como um bicho grande e disforme, tomando o caminho. Eles desviaram à esquerda, o bicho também, desviaram à direita, o bicho também bandeou. Chico trazia um facão, brandiu o ferro, a marmota nem se importou. Riscaram um fósforo, sacudiram em cima, o bicho nada. Afinal resolveram fechar os olhos e o pai esgrimindo com o facão, o filho açoitando o ar com uma vara, correram em frente, com bicho e tudo. Não sabem como atravessaram nem como chegaram em casa. Mas ainda hoje ficam com as carnes tremendo quando se lembram.

Pedro Ferreira vinha de uma noitada de jogo, sozinho, pela meia-noite. Eis que numa vereda lhe apareceu a marmota — alta, de braços abertos, no sistema de uma pessoa. Ele trazia um pau grosso na mão, plantou o pau no bicho, facheou o pau todo, a visagem não se espantou. Pedro sentiu que o cabelo lhe crescia na cara, na nuca. Sentou-se no chão, ficou de olhos fechados, esperando, com vontade até de chorar. Afinal olhou — a marmota tinha sumido. E o pau, que ele largara no chão, ao seu lado, tinha sumido também.

Comadre Delurdes ia de manhã ao roçado, levar ao marido o sonhim de pão de milho. Junto à capoeira velha deu com uma coisa — não era bem uma marmota, era mais uma aparência, um rasgar forte de pano e um ruflar de asas grandes, uma coisa agitando o ar, aquele sorvo, que não se via mas se sentia. Ela correu tanto que ao chegar em casa teve uma oura, quase morreu. O marido zombou, no outro dia foi com ela — e aí quem correu foi ele. Ninguém da família vai mais sozinho ao roçado.

Certa noite um bando de gente vinha de uma festa, pela rodagem do Quixadá. Zeza, a hoje finada Dora, Terezinha, seu marido Chico Ferreira e outros. Ao passarem perto do local onde foi encontrada a ossada de Chico Preto (morto misteriosamente há alguns anos), viram um vulto agachado ao pé de uma emburana. A coisa olhava de um lado e de outro da árvore, como quem brinca com criança. Chico Ferreira soltou um uivo e desabou; e as mulheres correram atrás, lutando para ver se chegavam na frente dos homens. E, se a visagem quisesse tinha até apanhado um menino, coitadinho, que ficou por último na disparada. Na hora do medo parece que até coração de mãe se esquece. O mesmo Pedro Ferreira tem outra recordação do seu tempo de jogador. Vinha em noite escura, por um caminho que passa perto da represa do açude velho do Junco, cansado, com fome e frio. Nisso avistou um fogo e se alegrou — deviam ser uns amigos que planejavam uma pescaria. Parece que tinham tocado fogo num toco e as suas sombras iam e vinham, ao redor. Pedro chamou, ninguém respondeu. Aí a chama baixou e voou brasa pra todo lado, como se alguém batesse com uma vara no fogo, estilhaçando-o. Assustado ele parou — firmou a vista — agora não tinha mais toco, nem fogo, nem brasa, só um escuro mais escuro, como um vulto, no lugar onde o fogo estivera. O chapéu lhe subiu nas alturas; ele sentiu que o vulto se deslocava em sua direção, correu, botando a alma pela boca. Mas o bicho, lerdo, não o perseguiu.

E até mesmo aqui perto de casa, antes de se atravessar o riacho do açude, tem uma moita de mofungo, junto a um pé de violeta, onde o povo sempre encontra uma marmota. Tem dia em que ela balança a moita, e solta gemidos, aqueles ais. Ou se divisa um vulto por baixo da moita, e então se escuta um ruído forte de dentes, como um cachorrão quebrando ossos.

As pessoas que contam esses casos nunca mentem em outras coisas. São gente de respeito, nem é impressão de bebida — como se diz: "Visagem de bêbedo fede a cachaça." Será que elas mentem só nesses casos? Ou se enganam, ou sonham?

de O Cruzeiro, *s.d.*

Mationã

Ele chegou num avião da FAB, mandado pelos rapazes da Proteção aos Índios, numa derradeira tentativa de salvação. É um dos pouquíssimos remanescentes de uma tribo que se acaba — fala-se em meia dúzia de indivíduos —, os turumais.

Mationã, o índio, tem uns oito anos; parecia um bichinho moribundo quando o vi pela primeira vez, deitado num leito branco, de uma magreza espantosa, o olhar vidrado, comatoso, um gemido monocórdio lhe saindo da boca chagada de febre, a mãozinha seca feito uma garra de pássaro abrindo-se e fechando no ritmo do gemido. Segurei-lhe a mão e ele cerrou com força os meus dedos. Gemeu mais alto. Sei que saí dali chorando.

No dia seguinte passávamos pelo hospital, vimos luz no necrotério. O doutor ao meu lado calculou que seria o índio. Mas não era. Semana atrás de semana, parecia ainda que seria ele o ocupante da sinistra capelinha; nunca se viu um ataque tão violento de febre maligna num corpinho tão débil. Mas terá sido o interesse apaixonado dos médicos, o carinho das enfermeiras, o hospital inteiro que rodeava a cama do indiozinho como a de um filho predileto? Parecia uma aposta com a morte. E a morte acabou perdendo. Foi-se a febre, foi-se a caquexia — só restaram as escaras enormes, que quase o levam. Verdade que ele ajudava, meu Deus, como ajudava. Ainda imóvel na cama, tomando soro (era a terceira visita que lhe fiz), de repente abriu os olhos, pôs-se a chorar. A princípio só berreiro, mas logo se entendeu o que ele queria:

— Rapadura! Rapadura!

Rapadura era impossível, claro. O doutor sugeriu banana. Mationã imediatamente concordou:

— Banana, banana!

Pensei que fosse delírio da febre, mas qual! Mal chegou a banana, ele, assim mesmo de borco, por causa das escaras, arrebatou a fruta como um macaquinho e em três dentadas a devorou.

E eu, que ao vê-lo ali, cobrando consciência na cama de hospital, cercado de estranhos, atado para não arrancar a agulha das transfusões, imaginara o pavor que ele sentiria, o terror ante aqueles homens e mulheres de branco que só se aproximavam para o furar, apalpar, judiar — que medo imenso deveria apertar o seu coraçãozinho selvagem!

Sim, talvez ele atravessasse essa fase de medo. Mas se a teve, foi curta. Porque hoje não há neste mundo sujeito mais feliz, mais amado, mais eufórico, mais rico, mais contador de lorotas, mais saliente e bem-humorado do que Mationã, o indiozinho turumai. Pelo hospital inteiro ostentando um cocar de penas de galo que lhe fez uma enfermeira, passeia de pijama e sapatos china-pau. Adora dar bom-dia e apertar mãos. Come como uma impingem. Armazena uma verdadeira despensa no criado-mudo. Tem um arco que lhe fez um doutor e a flecha prudentemente é uma longa pena: se fosse coisa mais dura daria em desastre, pois a pontaria de Mationã é mortal. A cama vizinha à sua, na enfermaria, parece um bazar de brinquedos. Todo mundo no hospital lhe traz presentes. E ele, bom príncipe, distribui uniformemente os "obirigado" e os sorrisos. Aprendeu a cantar e adora rádio. Engordou que ninguém o reconhece. Exigiu que lhe cortem o cabelo à moda da sua terra, em cuia de frade. Estoico até ali. As escaras, ainda cobertas de curativos, devem doer muito; tanto que ele não se pode abaixar para apanhar objetos. Mas quando a gente indaga: "Dói, Mationã?" Ele sorri: "Dói." E muda de assunto. Não tolera um gesto de hostilidade. Um médico, brincando, deu-lhe uma palmada. Ele fechou a cara, correu para a cama. Foi uma luta fazê-lo voltar às boas. Acabou perdoando, a troco de um presente. Perdoou, mas não entendeu. Inteligente assim também nunca vi. O diretor lhe mostrou uma revista com reportagem sobre índios lá das suas bandas. E ele ia identificando as fotografias, sem um erro: "Calapalo! Bororo!" Nisso descobriu o retrato de um dos irmãos Vilas-Boas. Agarrou a revista, rindo, aos beijos: "Viraboa! Viraboa!"

E conta coisas. Outro dia, os médicos jantavam quando Mationã chegou à sala. Tomou do paliteiro e, na toalha branca, foi desenhando com palitos a taba dos bororos, seus inimigos tradicionais. Um grande círculo fechado com duas saídas. Dentro, uma porção de palitos apinhados — os bororos. Em redor, escondidos no mato, os turumais. Junto a uma entrada, um palito grande, sozinho — "pai". (Mationã tem um orgulho tremendo do pai, que aparentemente é o chefe. Diz que ele é grande, forte, valente, mata bororo com uma pancada só.) Na outra entrada, outro palito:

"Pai de pai" — o avô. Mationã descreve numa mímica perfeita: os bororos, descuidados, saem do cercado — pá, borduna neles, bem em cima do nariz, caem mortos. Os outros fecham-se na taba. Mationã põe as mãos nos olhos, grita ui-ui! — são as mulheres chorando. De repente dois bororos saem do cercado. "Fazer xixi", explica Mationã. Os turumais esperam atrás da cerca. Borduna neles, ou flecha. — Terra. Afinal chega a hora do assalto. Gritaria, flechada, porretadas, o chão fica cheio de bororos. Turumais entram na taba e Mationã explica como é que eles, com uma das mãos, tapam a boca das mulheres, com a outra as agarram pelo pulso e as atiram às costas.

A gente indaga:

— Mas para que matar os bororos, Mationã?

Ele ri, admirado da pergunta:

— Tomar mulher, oi!

* * *

VEM ME FAZER uma visita. Corre pelo quintal, adora a cachorrinha, dança com ela; mas quando lhe mostro o gatão peludo, ele recua, franze o nariz, procura a palavra em português:

— Onça!

Insisto em que é bichinho manso, onça nada, gato! Trago o gato até ele. Mationã estende rapidamente a mão, segura o punho do gato, esprime a pata, as unhas saltam:

— Viu? Onça!

Mostro-lhe uma moça da casa, cabocla do Ceará:

— Olha, Mationã, esta moça é bororo!

Ele se interessa profundamente. Vem examinar a orelha da moça, furada, com um brinquinho de ouro. Aí abana a cabeça, rindo:

— Mentira! Bororo nada! Buraco da orelha muito pequeno!

Assim é Mationã, príncipe turumai. E, como diz a enfermeira dele, no dia em que esse índio for embora do hospital muita gente vai chorar...

Ilha, maio de 1955

Objeto voador não identificado

Hoje não vou fazer uma crônica como as de todo dia; hoje, quero apenas dar um depoimento. Deixem-me afirmar, de saída, que nestas linhas abaixo não digo uma letra que não seja estritamente a verdade, só a verdade, nada mais que a verdade, como um depoimento em juízo, sob juramento.

Escrevo do sertão, onde vim passar férias. E o fato que vou contar aconteceu ontem, dia 13 de maio de 1960, na minha fazenda Não Me Deixes, distrito de Daniel de Queiroz, município de Quixadá, Ceará.

Seriam seis e meia da tarde; aqui o crepúsculo é cedo e rápido, e já escurecera de todo. A lua iria nascer bem mais tarde, e o céu estava cheio de estrelas.

Minha tia Arcelina viera da sua fazenda Guanabara me fazer uma visita, e nós conversávamos as duas na sala de jantar quando um grito de meu marido nos chamou ao alpendre, onde ele estava com alguns homens da fazenda. Todos olhavam o céu.

Em direção norte, quase noroeste, a umas duas braças acima da linha do horizonte, uma luz brilhava como uma estrela grande, talvez um pouco menos clara do que Vésper, e a sua luz era alaranjada. Era essa luz cercada por uma espécie de halo luminoso e nevoento, como uma nuvem transparente iluminada, de forma circular, do tamanho daquela "lagoa" que às vezes cerca a lua.

E aquela luz com o seu halo se deslocava horizontalmente, em sentido do leste, ora em incrível velocidade, ora mais devagar. Às vezes mesmo se detinha; também o seu clarão variava, ora forte e alongado como essas estrelas de Natal das gravuras, ora quase sumia, ficando reduzido apenas a grande bola fosca, nevoenta. E essas variações de tamanho e intensidade luminosa se sucediam de acordo com os movimentos do objeto na sua caprichosa aproximação. Mas nunca deixou a horizontal. Desse modo andou ele pelo céu durante uns dez minutos ou mais. Tinha percorrido um bom quarto do círculo total do horizonte, sempre na direção do nascente: e já estava francamente a nordeste, quando embicou para a frente, para o norte, e bruscamente sumiu — assim como quem apaga um comutador elétrico.

Esperamos um pouco para ver se voltava. Não voltou. Corremos, então, ao relógio: eram seis e três quartos, ou seja, dezoito e quarenta e cinco.

Pelo menos umas vinte pessoas estavam conosco, no terreiro da fazenda, e todas viram o que nós vimos. Trabalhadores que chegaram para o serviço, hoje pela manhã, e que moram a alguns quilômetros de distância, nos vêm contar a mesma coisa.

Afirmam alguns deles que já viram esse mesmo corpo luminoso a brilhar no céu outras vezes — nos falam em quatro vezes. Dizem que nessas outras aparições a luz se aproximou muito mais, ficando muito maior. Dizem, também, que essa luz aparece em janeiro e em maio — talvez porque nesses meses estão mais atentos ao céu, esperando as chuvas de começo e de fim de inverno.

Que coisa seria essa que ontem andava pelo céu, com a sua luz e o halo? Acho que, para a definir, o melhor é recorrer à expressão já cautelosamente oficializada: objeto voador não identificado. Mais, não afirmo. Porém, isso ele era. Não era uma estrela cadente, não era avião, não, de maneira nenhuma. Não seria nenhum meteoro, nenhuma coisa da natureza — com aquela deliberação no voo, com aqueles caprichos de parada e corrida, com aquele jeito de ficar peneirando no céu, como uma ave. Não, dentro daquilo, animando aquilo, havia uma coisa viva, consciente.

E não fazia ruído nenhum.

Poderia recolher os testemunhos dos vizinhos que estão acorrendo a contar o que assistiram: o mesmo que nós vimos aqui em casa. A bola enevoada feito uma lua, e no meio dela uma luz forte, uma espécie de núcleo, que aumentava e diminuía, correndo sempre na horizontal, e do poente para o nascente.

Muita gente está assombrada. Um parente meu conta que precisou acalmar energicamente as mulheres que aos gritos de "Meu Jesus, misericórdia!" caíam de joelhos no chão, chorando. Sim, em redor de muitas léguas daqui creio que se podem colher muitíssimos testemunhos. Centenas, talvez.

Mas faço questão de não afirmar nada por ouvir dizer. Dou apenas o meu testemunho. Não é imaginação, não é nervoso, não são coisas do chamado "temperamento artístico". Sou uma mulher calma, com lamentável tendência para o materialismo e o lado positivo das coisas. Sempre me queixo da minha falta de imaginação. Ah, tivesse eu imaginação, poderia talvez ser realmente uma romancista. Mas o caso de ontem não tem nada comigo, nem com meu temperamento, com minhas crenças e descrenças. Isso de ontem EU VI.

4.6.1960

Neuma

Tem cinco anos, e é tão miúda que parece três; mas não que seja raquitismo, é tamanho mesmo, ou calibre, como se pertencesse a uma raça especial, assim miudinha e bemfeita, toda roliça. Tostada como um biscoito ao sair do forno, tem o cabelo tão comprido que lhe alcança as ancas. Em geral o traz em duas tranças. Mas em hora de faceirice gosta de andar com ele solto a lhe bater nas costas, em largas ondas castanhas.

A carinha podia ser de chinesa, fossem os olhos mais enviesados — bem redonda, com aquela pele de cor de ouro e o risco preto das sobrancelhas e a sombra preta dos cílios guardando os olhos enormes, pretos que reluzem —, aliás, reluzem mesmo, não é só por serem pretos.

A voz é um fio — só fala baixinho, é como um pipilo de passarinho novo. Não tem medo de ninguém nem de nada. É como um animalzinho silvestre, mas manso. Anda no meio do gado, por entre os touros e as vacas de bezerro novo soltas no pátio, enfrenta o bode malhado que as mulheres dizem que é mau. Nem de cobra tem medo. Nem de trovoada, nem de relâmpago. Ao contrário, gosta de tomar banho nas pancadas de chuva forte, passeando debaixo d'água, vestida só com os cabelos.

Parece que esse destemor é porque não desconfia que exista maldade no mundo, alguém ou alguma coisa que lhe possa querer mal, ou fazer mal. Mas sendo confiante é também arisca, se é que me faço entender. Quer dizer que não procura os outros, mas não se recusa. Se convidada, senta no colo da gente, conversa um pouco e logo sai correndo. Não se oferece nunca, nem dá o primeiro passo. Sequer na hora de ganhar fatia de bolo — a gente que chame, que vá entregar. Nesse ponto é orgulhosa. Embora, estando de visita por algum tempo, se ninguém lhe oferece nada, ela chama discretamente a irmã:

— Vambora, Nazaré. Nesta casa não dão à gente nem uma bolacha.

Mas não se pense que é mercenária. Ela reclama a bolacha, primeiro porque gosta de bolacha, depois por uma questão de princípio: como uma autoridade que reclamasse o pagamento do imposto. Sempre quando chega numa casa é comum lhe oferecerem uma banana, um bombom — ou bolacha. Se ninguém oferece nada, registre-se a anomalia — será má vontade ou esquecimento? Talvez o convite para ir embora não seja sincero, seja apenas um lembrete.

Seus grandes amores são uma cachorrinha branca, magra, orelhuda, por nome Sereia. Parece que, quando menor, Sereia era bonita — pelo menos é o que Neuma afirma, sentada com Sereia no colo:

— Coitadinha, era muito bonitinha, mas agora anda tão descorada!

Às vezes vai sair com a mãe e é proibida de levar a Sereia. Mas lá adiante, no caminho, a mãe verifica que a Sereia vem atrás. E ralha:

— Menina, eu não disse para você não trazer essa cachorra!

— Ora, mãe, eu tinha trancado ela na sala; mas olhei pra bichinha e ela estava com os olhos pingando água...

Na cozinha da casa-grande as mulheres armadas de vassoura enxotam os cachorros que farejam os potes de soro. E Neuma é vista retirando-se com Sereia debaixo do braço, cara zangada. O pai, que a encontra, pergunta o que é aquilo:

— Vou levar a Sereia pra casa. Aquelas cabeças de prego lá da fazenda não sei que têm que não gostam de cachorro. Sereia, além de magra e "descorada", deu para barriguda. Neuma descobriu que ela tem "vício" — quer dizer que come terra. Andou pelas casas indagando qual o remédio para isso e lhe ensinaram que, pra menino com vício, o melhor é lhe pendurar no pescoço um bento com a oração de São Roque e um pouco de terra. Agora Sereia anda por aí com uma espécie de coleira que é um barbante, do qual pende um saquinho de pano costurado como um bentinho. O que tem dentro ninguém sabe.

Talvez por causa da feiura e do "vício" da cachorra, Neuma anda a traí-la com uma gata — Xana —, que logo lhe deu três gatinhos. E tem sido uma dor de cabeça enfrentar os ciúmes da Sereia que detesta a gata e os seus filhos. A solução é prender a gata no quarto e deixar a cachorra no resto da casa, mas a gata "mia que soluça", e o coração de Neuma se aperta. Vai ao quarto, põe na sua própria rede a Xana velha junto com os Xanos novos, e fica a balançar a ninhada, cantando "João Curucutu por trás do munduru", até que durmam. Sai depois na pontinha do pé e se abraça com Sereia, que espera zelosa, do outro lado da porta. Pega a Sereia no colo, sacode as tranças e suspira:

— Família acaba com a gente!

Ano passado esteve muito doente, era crupe, quase a menina morreu. Levaram-na ao doutor no Quixadá, tomou muita injeção de soro, afinal ficou boa.

Convalescente, conversava com o pai:

— Pai, eu estava tão doente, mas me lembro do doutor. Ele pegava na minha mão, depois abanava a cabeça. Pai, por que é que ele abanava a cabeça?

— Havia de ser pensando que você não escapava.

Neuma ficou muito tempo meditando naquilo. Por fim deu uma risada e liquidou o assunto:

— Homem doido!

4.4.1964

Quem matou Chico Preto?

O rapaz saiu de manhã cedo para tirar o mel de uma jandaíra. A mãe reclamou:

— Zé, ainda com a barra escura, tudo ensopado de orvalho!

Mas o moço saiu assobiando, balançando na mão o balde de apanhar o mel. Com pouco estava no pau da abelha — e até sentiu no coração um aperto, as bichinhas tão ativas, já trabalhando em redor do cortiço, fazendo a sua obrigação. Mas tinha ido ali apanhar mel, e o mundo é assim mesmo: para que vivam uns morrem muitos. Derrubou o pau, deu uns cortes para abrir a biquinha, botou o mel para escorrer no balde. Jandaíra é uma abelhinha inocente, não ataca o caçador, fica só zunindo em redor, queixosa. Uma ou outra picadinha, que não ofende quase nada.

Acabada a operação, o sol já ia alto, passava bem das nove horas. Zé pegou no balde, olhou em redor para se orientar, porque a caatinga fechada no inverno areia muito. De onde estava, via o telhado de casa, e então resolveu cortar a lombada em linha reta, desprezando a vereda cheia de voltas por onde viera. Atravessou um fechado, alcançou outra vereda estreitinha, veio vindo, assobiando de novo, na mão o balde cheio de mel, chutando os seixos do caminho. De repente encontrou com o pé uma coisa branca, redonda — uma pedra? Revirou a coisa com o bico da apragata.

94

Uns olhos fundos de caveira estavam espiando pra ele, os dentes falhados da caveira estavam se rindo pra ele. Zé parou, tremendo. Em redor, no aceiro do mato, uns ossos de costela, um grande osso de coxa. Encostada num pau, uma espingarda. Nesse ponto, José já tinha lhe voltado o fôlego, e ele nem quis espiar mais. Largou o balde no chão, encheu o peito e meteu o pé na carreira. Foi parar no terreiro de casa, e assim mesmo porque deu com os peitos na parede do oitão. A mãe, vendo o filho de beiço branco, tremendo, sem poder falar, valeu-se de Nossa Senhora e foi chamar o resto da família. Diante do pai e dos irmãos acocorados na cozinha, José, afinal, pôde contar. Uma irmã objetou:

— Como é que tu sabe que é caveira? Tu já viu caveira de gente?

— É igual à que se vê em figura.

A mãe chorava. O pai se pôs a debater quem poderia ser o defunto — caso fosse defunto mesmo e não pura visagem. Não se sabia de ninguém faltando, nenhum caçador... nem mesmo passageiro estranho andava naquela mata. Seria visagem de Zé Alexandre, o solitário, que a onça matou ali por perto?

— Zé, tem certeza de que era caveira mesmo? Tu sentiu o peso com o pé?

Zé, de tão nervoso, estava em ponto de chorar:

— Eu quase chutei ela, pai. E revirei com a apragata. Era osso mesmo.

Afinal resolveram ir dar parte ao delegado. O delegado organizou uma expedição para verificar o achado — que o jornal depois chamou de macabro. Saíram uns cinco na comissão, rapaziada do lugar, e tudo com bastante medo.

95

Realmente, no lugar que Zé indicou, lá estavam: a caveira, as costelas, os ossos da coxa, a cumbuca da bacia, o corredor — até os ossinhos do espinhaço e as falanges dos pés e das mãos. Já tudo limpo pelos urubus e espalhado, junto com os farrapos da roupa. Encostada numa arvrinha, uma espingarda com bastante ferrugem no cano, e dentro dela um único cartucho — deflagrado. Num buraco do chão, uma garrafa de cachaça vazia; cobrindo a garrafa, um chapéu todo sujo de sangue. E pendurado num pau, o achado mais esquisito de todos: o embornal do defunto, desbotado por tantos meses de sol, chuva e sereno, mas limpo. Dentro do embornal uma maçaroca de dinheiro, notas de todo valor, até de conto, mas todas rasgadinhas, picadinhas, como confete. Rasgado por mão humana. Não era comido de cupim, porque cupim deixa sinal; nem rato, nem nenhum inseto, tudo era limpo dentro do saco, só o bolo do dinheiro picado, nada mais.

Pela espingarda se identificou o morto. Pertence a seu Carloto, um moço que tinha uma bodeguinha nas Areias e se mudou para a cidade, deixando o negócio aos cuidados de um chamado Chico Preto, torrador de farinha. Meses antes, realmente Chico Preto se sumira; mas, como o pobre tinha fama de errado, por causa de ter passado a mão nuns ouros, anos atrás, logo se achou que Chico Preto teria ganhado o mundo, levando alguns pertences do patrão e deixando quatorze contos de dívidas na praça do Quixadá. E agora estava ele ali, em caveira e esqueleto, junto à espingarda do homem.

Mas como foi que ele morreu? Podia ser suicídio. Vinha ele desgostoso, bebeu a cachaça toda, rasgou o dinheiro num repente de bêbedo, depois deu um tiro em si mesmo.

E depois de dar em si um tiro mortal foi encostar a espingarda numa árvore, com todo o cuidado? É difícil. Tiro casual? A própria espingarda deflagrou nele, o tiro pegou na barriga talvez — e o criatura, vendo-se ferido, sentou-se no chão, encostou a espingarda e morreu da hemorragia, sem socorro naquele ermo. Mas então quem rasgou o dinheiro? Onça, mordida de cobra — mas fica sempre o mistério da espingarda, do embornal pendurado, do dinheiro rasgado, cada um contradizendo o outro. Resta a ideia de assassinato, vingança. Quer dizer que o assassino, depois de fazer a morte, teve aquele cuidado ordeiro com os pertences do defunto. E por que teria ele rasgado o dinheiro, em vez de carregar consigo? Dinheiro não leva nome de ninguém, e não era tanto que desse nas vistas.

As autoridades do Quixadá estão agora com esse problema nas mãos: Quem matou Chico Preto?

29.8.1966

Nacionalidade

O menino nisei sentou no banco do jardim. Teria uns onze anos, comia sossegado o seu sanduíche de queijo. Duas menininhas, uma morena e outra ruiva, que pulavam amarelinha, chegaram junto dele e gritaram:

— Japonês! Japonês! Quer dizer a hora pra nós?

O menino olhou o pulso onde se ostentava um enorme relógio niquelado, disse que eram nove e meia e acrescentou:

— Eu não sou japonês. Sou paulistano. Nasci aqui, no Jardim América.

A ruivinha, mais velha, coçou um borrachudo na canela fina:

— Se você não é japonês, teu pai é.

— Não, meu pai nasceu em Batatais.

— Então tua mãe.

— Ela também nasceu em Batatais.

A menor, moreninha, fez o comentário óbvio:

— Nós te chamou japonês porque tu tem cara de japonês.

— Meu avô é que era japonês. E a minha avó. E acho que os meus tios.

A pequenininha estava maravilhada com aquele milagre biológico:

— Nunca vi pessoa ser brasileiro e ter cara de japonês. Eu pensava que brasileiro era tudo igual.

A maior ensinou:

— Nem todo brasileiro é igual. Negro é brasileiro e é diferente.

— Negro é africano — observou com certa malícia aquele a quem chamavam de japonês.

— Como é que você sabe?

— Aprendi na aula.

— Na minha rua tem muito judeu. Nós tudo somos judeu — contribuiu a ruiva para enriquecer a conversação.

A outra quis saber:

— E onde é terra de judeu?

— Meu pai veio da Rússia. E o meu avô. A minha mãe veio da Polônia.

— Então esse negócio de judeu é besteira. Quem vem da Rússia é russo. E quem vem da Polônia é polaco. — O menino falava com grande autoridade.

E a ruivinha protestou:

— A minha mãe disse que a gente deve falar "polonês". "Polaco" é feio.

— Pode ser. Polonês. Mas judeu?

— Judeu vem da Judia! — foi a contribuição da morena.

Mas o nisei doutrinou:

— Não tem país chamado Judia.

— Como é que você sabe? Você conhece todos os países do mundo?

— Todos. Estou no curso de admissão. Já dei na Geografia.

— Meu pai disse que a terra dos judeus se chama Israel — lembrou-se de repente a ruiva.

— Então como é que ele é da Rússia?

Mistério. Os três se entreolharam. Afinal o menino sugeriu:

— Só se é mentira do teu pai.

— Mentira do teu! Teu pai é que é um japonês mentiroso!

— Já falei que o meu pai é brasileiro.

A pequena moreninha pacificou:

— Não xingue. Eu também sou brasileira. Eu nasci em Campos. E minha mãe nasceu em Campos e o meu pai nasceu em Campos e o meu irmão e a babá, todo mundo na minha casa nasceu em Campos.

A ruiva riu:

— Tudo é campeiro?

— Não, a gente diz é *campista*. Campos fica no Estado do Rio de Janeiro.

— Agora lá se chama Guanabara — sentenciou o menino.

— Não, não é Guanabara. Estado do Rio de Janeiro é outra coisa. Meu pai já disse uma porção de vezes.

— Então tem dois Rio?

— Não, agora só tem um. Não falei que o Rio de Janeiro virou Guanabara? Também diz Velhacap. Lá em casa todo mundo sabe.

A menina ruiva ficou a olhar um momento os dois outros.

— Acho que campista parece um pouco com japonês. Só não tem o olho revirado.

— Minha mãe diz que nós temos raça de índio tamoio — declarou a campista.

E o paulistano aduziu:

— Meu pai uma vez viu um índio e pensou que fosse japonês fantasiado. Falou pra ele em língua de japonês, mas o índio não entendeu bulhufas.

— Mas você não disse que o seu pai é de Batatais?

— É. Mas filho de japonês sabe falar língua do Japão.

— E você sabe? Fala um pouquinho pra gente ver!

— Não sei. Puxa, já disse tanta vez que sou paulistano!

A moreninha deu um salto:

— Pois eu sou é Corinthians!

— Ninguém está falando de futebol, boba — ralhou asperamente o menino.

Houve um silêncio.

E a menor indagou, passado um instante:

— E onde é o lugar que só tem brasileiro?

Os dois outros ficaram algum tempo pensando, olhando para uns pombos que bicavam na areia. Afinal a menina maior falou:

— Gente grande é muito misturado. Acho que deve ser num lugar onde só tem criança.

Rio, 5.1.1963

Um punhado de farinha

Foi agora, no carnaval. Um bêbedo chegou no botequim-restaurante, meteu a colher de pau na farinheira e jogou na boca uma colherada de farinha. Mas no próprio momento em que levantava a colher, o português do balcão interferiu, gritou-lhe que "respeitasse a higiene". Por causa do susto, ou da pontaria errada, o fato é que a farinha caiu no goto do homem, e quase o matou sufocado. Foi preciso bem um copo de cachaça para desengasgar. E depois, como aparentemente o atacara uma vontade irresistível de comer farinha, o bêbedo, para evitar novo engasgo, mandou encher outro copo de cachaça, jogou dentro um punhado de farinha, misturou e comeu o pirão de colher. Ao acabar, foi dormir na areia da praia e, segundo me contaram, só acordou horas mais tarde, quase afogado pela maré que subia.

* * *

E ESSE ENGASGO com punhado de farinha me recordou uma história que minha avó Rachel contava, passada no tempo dela, há muitos anos. Era assim:

Diz que um velho saiu da sua fazenda para visitar a do filho, três léguas ao nascente. O filho mandou matar um carneiro gordo, pôs o bicho todo na mesa: primeiro a buchada, depois as costelas cozidas, depois o colchão assado. Comida a carne, veio a rapadura, veio o café; e, quando acabou de tomar o café, o velho enfiou a colher no prato da farinha e jogou um punhado de farinha na boca. Dois vizinhos que estavam na mesa se entreolharam, sorrindo. E o filho, apanhando aquele olhar e aquela risada, ficou grandemente irado e levantou-se do seu lugar:

— Meu pai, o senhor não tem o direito de me desfeitear na minha casa. Se depois de almoçar o senhor ainda tem fome para comer farinha seca, é porque a comida que eu lhe dei não chegou.

O velho se voltou admirado; meu Deus, que maior tolice! Então aquele menino não se lembrava de que ele toda a vida tivera o costume de comer um punhado de farinha quando acabava o almoço e a janta? Era só vício, não era fome. Mas o filho não se acalmava:

— Isso o senhor pode fazer na sua casa. Na minha é desfeita. Mulher! — A mulher veio correndo, assustada com o grito. — Mande matar um frango bem gordo, cozinhe e faça um pirão com dois litros de farinha. E correndo! Traga tudo aqui, já, já, mode meu pai confortar o estômago, que ainda está com fome.

A mulher se benzeu, saiu correndo como viera. O velho foi se levantando da mesa.

— Meu filho, que loucura é essa, que foi que lhe deu? Será espírito maligno? Mande selar minha besta que já vou embora.

Mas o filho não escutou nada, pôs a mão no ombro do velho:

— Se assente e espere a comida, senhor meu pai.

O velho aí se agastou, quem era ele para lhe forçar a vontade, se lembrasse que era filho e tinha sujeição. Mas o filho só repetia, branco de raiva:

— Guarde o assento, meu pai.

E, então, o velho esperou.

Com pouco mais chegou o frango, nadando na gordura, e ao lado a tigela de pirão, feita com dois litros de farinha. Puseram tudo diante do velho, que naturalmente se recusou a comer. Então o filho puxou a faca, espetou a ponta dela na madeira da mesa e obrigou o pai a engolir, senão era sangrado ali mesmo. O velho, o jeito que teve foi comer tudo. Mas quando se levantou, depois da última colher de pirão, agarrou com as duas mãos a barba branca e amaldiçoou o filho desalmado, pediu castigo do céu para ele. Foi tão medonho que todo mundo ali ficou arrepiado. Só o filho não se importou: mandou encostar no alpendre a besta que já estava selada e berrou pelo moleque para ajudar o velho a montar.

— Agora o senhor aprende a nunca mais fazer pouco na pobreza de ninguém.

Diz que o velho, quando chegou na casa dele, nem apeou da besta: caiu, já morto.

O filho, desgraçado, desde aquela hora em que foi amaldiçoado nunca mais pôde engolir um bocado. Porque repugnava toda qualidade de comida, sua natureza só lhe pedia para comer farinha seca. Mas assim que jogava na boca o primeiro punhado, engasgava e se danava a tossir que era mesmo um desespero. Também durou pouco. Foi esmirrando, esmirrando, até ficar seco como uma vara. Um

104

dia, já não se aguentava de fraqueza, teimou em comer o derradeiro punhado de farinha — e foi aquele que o matou: porque a farinha da goela foi para os bofes, sufocou a criatura por dentro, e com pouco ele estava morto, roxo, com a língua preta de fora. Era ver o enforcado; e o povo diz que é assim mesmo: maldição de pai à forca leva.

Ilha, abril de 1952

O menino e o Caravelle

Os olhos do menino pareciam duas estrelas: Caravelle! Para ele é uma palavra mágica, a era do jato depois da era da hélice. Do jeito que ele fala, parece que avião a hélice é coisa tão obsoleta como carro de boi. Nos tipos obsoletos ele já viajou outrora — precisamente no ano passado. Agora sobe a escada, penetra na nave com emoção inaugural — ele que só estava acostumado a lhe seguir com a vista as linhas paralelas de fumaça, riscando o céu. Exigiu que nos sentássemos logo no primeiro par de poltronas; era talvez para se sentir mais perto do próprio coração da nave (coração ou cabeça?), o santuário misterioso dos pilotos. Afivelou cuidadosa e lentamente o cinto de segurança, como um ritual. Defronte a nós a aeromoça se sentou no seu banquinho, e ela também afivelou o seu próprio cinto. Vestia uniforme vermelho de bolero, e o menino, com o olho estendido que lhe dá a TV para esses assuntos, perguntou baixinho:

— Isso é roupa de desfilar?

Não, esqueço. Antes de apertar o seu cinto para a decolagem, a aeromoça veio oferecer ao jovem passageiro a cestinha das balas. E precisamente esse episódio marcou o início de uma bela amizade, porque ele, indeciso, tocava as balas com as pontas dos dedos, sem saber qual seria a melhor naquela variedade, e a moça lhe murmurou:

— As azuis.

E no que ele, cerimonioso, tirava só uma bala, a moça catou rapidamente no cesto uma meia dúzia — todas azuis — enchendo-lhe a mão.

Depois, como já contei, ela sentou-se defronte, no banquinho que lhe é reservado, prendeu o cinto, e o menino reajustou o seu, copiando-lhe os gestos.

E aí foi a emoção da decolagem: o avião corria na pista e a todo momento o menino indagava:

— Já está voando? Já está voando?

A aeromoça lhe ensinou um segredo:

— Quando voar você *sente* que fica mais leve, despregado do chão.

Mas, na concentração para sentir-se mais leve, ele fechou os olhos e, quando os abriu, já voava alto, as casas lá embaixo começavam a ficar pequeninas. E ele a reclamar por não ter sentido nada, quando de repente veio um choque novo:

— Uma nuvem, vamos bater numa nuvem!

Ele prendia a respiração enquanto o avião penetrava nuvem adentro e se envolvia em névoas esgarçadas. O menino soltou o fôlego numa surpresa deslumbrada:

— Pensei que nuvem era gelo puro, durinho, e que o avião ia rebentar tudo. Mas nuvem parece mesmo algodão de açúcar!

Aí se escutou uma voz no alto-falante. Prevenia que voávamos a 12 mil metros de altitude, em velocidade de cruzeiro de 850 quilômetros por hora, e que a temperatura lá fora era de uns 20 graus abaixo de zero... Esses miraculosos dados técnicos quase esgotam a capacidade admirativa do menino. Qualquer daquelas informações, vindo isolada, já seria pretexto para profundas cogitações e infinitas perguntas. Vindas, assim, em massa, só um cérebro eletrônico para destrinçar tudo! Bem, botando os dados em ordem:

— Doze mil metros eu sei, são 12 quilômetros... Quer dizer que estamos mais ou menos na distância que vai da cidade a Ipanema... quantas léguas são 12 quilômetros? Ah, duas? Imagine, estamos a duas léguas de altura! E a velocidade — 850 quilômetros por hora... vamos ver... o carrinho lá de casa quando corre feito um doido, não passa do 100... 850 é quantas vezes 100? Oito vezes e meia? Então eu, neste jato, estou correndo como se fossem oito carros e meio de uma vez na velocidade de 100 quilômetros por hora... Puxa vida! Agora a temperatura? Com quantos graus vira gelo? Zero grau? Então, vinte graus abaixo — uai, por que é que não está tudo aqui virado gelo, como no congelador da geladeira? Ah, aquecimento... Eles soltam umas baforadas quentes do motor dos jatos... que pena, eu gostava de ver era tudo gelado!

Mesinha para o lanche.

— Por que é que lá em casa não se compra uma mesinha destas de enfiar na poltrona? Assim não dava trabalho de arrumar a mesa grande e a gente comia feito em avião — e para ver televisão era bárbaro!

Aperitivo? Tem Grapete? Sanduichinho de presunto com palito prateado — legal às pampas!

E aí chegou a Bahia. O dia é de sol, o asfalto do aeroporto é um convite. E depois o alto-falante chama e de novo se terá que subir por aquela escada de rodas, e receber os cumprimentos dos comissários e apertar os cintos, e decolar, e desta vez ele vai *sentir mesmo* quando o avião despegar do chão.

E novamente as mesinhas e agora o almoço. O avião desliza sobre um colchão de nuvens tão acamadas e branquinhas que parecem um ninho. Mas um ninho do tamanho do mundo! Bandeja de almoço, comida de gente grande e comida de criança — e o que é para ser quente vem quente e o que é para ser frio vem gelado mesmo! Entre as coisas que o menino mais aprecia estão os dois canudinhos de sal e pimenta e o estojinho do palito. E ele explica, muito grave, que o palito vem escondido porque palito não é elegante.

À descida no Recife se renovam os prazeres da Bahia, com o acréscimo dos murais de Lula Cardoso Ayres que exigem acurado estudo e inesgotáveis perguntas. Felizmente interrompidas pelo chamado de embarque — e a escada, o cinto, o apito fino do jato, a decolagem, o discursinho do comandante, música e mais lanche!

— Acho que dão tanta comida é para distrair as pessoas mais velhas *que ainda têm medo de voar...*

Por fim o alto-falante anuncia que estamos sobrevoando a cidade de Fortaleza. O avião trepida (naquele deslizar de cisne a gente já esquecera que avião *antigamente* trepidava), mas lá vem a voz do comandante a explicar que a trepidação é devida ao emprego dos freios aerodinâmicos. O vocabulário do menino entesoura a nova aquisição: freio *aerodinâmico*. E ele fica rolando a palavra na boca como um doce.

Afinal o avião toca o solo... uma vez, outra... como andorinha que pousa e levanta os pés, experimentando.

Já se pode desafivelar o cinto. Já se pode apanhar a frasqueira debaixo do banco, os casacos na rede. O comissário realiza aquela fascinante manobra de abrir a porta — igualzinha a uma porta de astronave. A luz do sol invade o avião. A aeromoça calçou as luvas, e o menino a cumprimenta solenemente. Suspira:

— Nunca mais vou me esquecer deste avião!

E se encaminha para a escada, o primeiro passageiro a descer, a enfrentar a aventura nova que será a descoberta da cidade.

Ceará, 9.9.1967

O menino e os santos reis

De todos os personagens do presépio, os prediletos do menino são os santos reis magos, que ele aliás chama de reis magros. E entre os três acha que o mais bonzinho é o Baltazar, o negro, porque só ele se ajoelha e tem na mão a caixinha mais bonita. Entretanto reclama porque, com aquelas vestes flutuantes, os santos reis não parecem tão magros que justifiquem o nome. Só se eles comeram tanto peru, rabanada, coquinho de Natal, que ficaram gordos. Peru engorda, só engorda menos do que leite porque leite é feito para bezerrinho e bezerrinho tem que ser gordo. Também o que engorda muito é banana e faz ficar forte porque tem vitamina do á-bê-cê e a pessoa por isso mesmo aprende a ler mais depressa. Depois dos reis a coisa mais bonita do presépio é a estrela-guia, que ele de começo chamava estrela de rabo. Advertido pela mãe, passou a chamá-la de "cometa". A avó procurou insistir em estrela-guia, mas ele anda muito entusiasmado com esse negócio de cometa e adora mostrar erudição.

Mas implica com os camelos. Não há quem o convença de que o camelo é uma nobre besta, afeita milenarmente ao transporte de riquezas e homens pelos caminhos mais antigos da Terra. No fundo, ele gostaria de substituir os camelos dos magos por três bons caminhões — com o lucro ficaria dono dos caminhões quando se desmontasse o presépio. Como meio-termo, põe ao lado dos reis uns cavalinhos de plástico. Cavalo sim, é a flor dos animais, companheiro dos caubóis e vencedor do faroeste. Se camelo é bom de sela, por que caubói não monta em camelo? Responda a esta! E o espetáculo que lhe proporcionou o camelo do jardim zoológico o confirmou nessa descrença. Aquele bicho desengonçado, de pelo sujo a despegar pelas costelas, feio de corpo, antipático de cara, estúpido de expressão, nunca, mas nunquinha, podia chegar nem perto da manjedoura de Belém.

A propósito, essa expressão manjedoura tem suscitado muitas discussões. Não vê que na escola maternal onde ele *"estuda"* lhe disseram que o Menino nasceu numa estrebaria? Parece que a mãe achou feio estrebaria e ensinou manjedoura. A avó, ignorante dos debates anteriores, falou em gruta de Belém. Aí complicou tudo. Afinal tudo não queria dizer a mesma coisa? Como é que é? Então para que tanta palavra diferente? Acabou por se descobrirem uma quarta e quinta fórmulas: presépio e lapinha. Ele optou por presépio depois de verificar que ninguém sabia direito o que é. E palavra que a gente não sabe o que é, é mais bonita.

Vencida essa etapa estrebaria-manjedoura-gruta-presépio-lapinha, entrou-se em outra, igualmente delicada: as ofertas ao Menino. O ouro, o incenso, a mirra. Por estranho que pareça, o que ele entendeu melhor foi o incenso. Não vê que no apartamento vizinho mora um senhor meio excêntrico que tem o hábito de queimar incenso a certas horas da tarde ou da noite e o garoto, muito atento a impressões sensoriais, gosta do cheiro. Incenso, pois, ele aprova. Mas a mirra? Verifica-se que os próprios grandes não sabem explicar com a devida clareza o que é mirra. Há debates, vai-se ao dicionário. Mirra é uma essência vegetal muito apreciada no Oriente, com a qual se faz um unguento. Passando rapidamente pelas questões suscitadas pela palavra Oriente (lugar onde o sol nasce; lugar onde o sol se põe; por que não nasce em outras partes, ao norte ou ao sul; se o sol nasce, o sol morre? Como é que ele nasce todo dia, tem gente que pode nascer todo dia? E morrer, só morre quando fica velho, porque menino às vezes também morre sem precisar de ficar velho; também só atropelado, automóvel também atropela velho, gente grande nunca atropela e sabe quando é o sinal vermelho e não pode passar e é sinal verde e pode passar; ele tem cinco anos mas faz muito tempo que conhece sinal verde, vermelho, e até amarelo, quando ainda não tinha cinco anos já sabia...). Mas o que é que é UNGUENTO?

Unguento? Bem, é uma pomada. Pomada! Então o rei mago vai passar pomada no Menino Jesus, coitadinho? Será que ele está doente, tem ferida, tem coceira, perebinha? Pomada é a coisa pior de todas as coisas ruins!... Não, unguento de mirra é só para cheirar, não é remédio, é perfume. Ora, não convence. Muito parecido de quando lhe querem impingir pomada de tubinho para as coceiras alérgicas. Não, neste Menino Jesus, que é meu, ninguém passa pomada nele.

A conversa caíra em crise e então se apelou para a terceira dádiva, o ouro. Que ele também estranhava. Ouro como? Colar? Anel? Mas criancinha pequena não usa essas coisas. Menina pode ser, assim mesmo quando já é maior. Menino nunca. Para que o Menino quer ouro? Alguém sugere que talvez para dar esmola. Mas ele sabe que esmola a gente dá é com dinheiro. Pobre é como criança, não usa relógio, nem anel, nem pulseira, nem... Se dá é notinha de cinco cruzeiros e pode dar dez quando o pobrezinho ainda por cima é ceguinho! Ou então comida ou leite ou roupa ou cobertor. Nunca ninguém viu dar coisa de ouro de esmola! Admiro esse rei magro...

Para o desviar do ouro e seus problemas a mãe pela centésima vez diz que não é *magro* é *mago*. Mas por que mago? Mago quem diz é criança que não sabe falar — diz *mago, pato, for,* em lugar de *magro, prato, flor...* Hein, por que é *mago?* Que é mesmo *mago?* Bem, mago é assim uma espécie de feiticeiro... Mas feiticeiro não é ruim? E os reis magos são ruins? Este problema de ética está sempre presente nas suas conversas: elefante é bicho ruim ou bicho bom? A rainha da Inglaterra é rainha boa ou ruim? Baleia é bom ou ruim? Como é que a gente sabe que um cachorro é ruim? Mocinho é bom, bandido é ruim. Ruim tem bigode. Se os magos são feiticeiros bons, quem é ruim? Bem, ruim era Herodes.

— Herodes? Esse eu nunca vi falar. (Quem lhe contou a história do Natal expurgou-a da matança dos inocentes.) Por que o Herodes era mau? Ah, mandou matar as crianças... puxa, era mauzinho, hein? Mas você sabe quem era mau, mas muito mau mesmo? É aquele dragão de São Jorge que bota fogo e fumaça pela venta. Quando eu tenho raiva de uma pessoa tinha vontade de botar fogo pela venta também!

114

Mas se os reis magros — oh, magos — eram feiticeiros mesmo, por que é que eles andavam nesses camelos tão mixas? Por que não arranjaram um gênio para carregar eles como o da lâmpada do Aladim? E por falar no Aladim... FIM (não tem. É assim, toda a vida).

Rio, 20.1.1962

O telefone

Festa com foguete, discurso e banda de música marcou a inauguração da Companhia Telefônica na cidade de Aroeiras. Se bem não fosse grande a rede e poucos os aparelhos instalados, mais ou menos uma dúzia. Os telefones oficiais eram o da delegacia, o da estação do trem, o da Câmara e o da casa do juiz; e entre os particulares havia dois especialmente importantes, que uniam pelo fio elétrico o casarão do major Francisco Leandro, chefe do partido marreta, com o sobrado do coronel Benvindo Assunção, chefe rabelista, ricaço, com loja grande no térreo, de onde lhe vinha a fortuna.

E tanto numa casa como na outra a presença do telefone, suscitando a possibilidade de uma comunicação impossível, criava uma tensão perigosa.

Imagine-se que já há umas duas gerações aquelas famílias não se falavam, a não ser em hora de briga. Em perto de 50 anos, o mais que um Assunção ouvia de um Leandro eram frases assim: "Se prepare pra morrer, cabra!" ou: "Essa eleição foi roubada!" ou ainda: "Se é homem puxe a arma."

Também nessas horas de arrebatamento diziam outras coisas, dessas que os jornais chamam de "termos de baixo calão".

Houve igualmente uma frase dita por um Leandro a um Assunção e que ficou célebre: na famosa briga do adro da matriz, quando Carlinho Leandro baleou de morte o moço Donato Assunção, a bela Sinhá Leandro, mulher de Carlinho, que saía da missa atrás do marido, ajoelhou-se ao pé do moribundo e disse: "Jesus seja contigo", depois lhe cerrou os olhos. Aí Carlinho quis matar Sinhá no sufragante, achando que aquele Jesus seja contigo já era começo de adultério. Sinhá saiu correndo e gritando através da praça e se asilou em casa de um irmão; e desse caso nasceu uma briga subsidiária que felizmente não rendeu muito. Pois Sinhá, que estava grávida, morreu de mau sucesso; e o irmão, pegou-o a febre amarela numa viagem que fez ao Rio de Janeiro.

Um Assunção, para um Leandro, era assim uma ideia proibida, imagem proibida, palavra proibida. Nas melhores fases de tréguas, quando um Assunção ia por uma calçada e avistava um Leandro, dobrava a primeira esquina ou, na falta de esquina, tomava ostensivamente a calçada oposta. Ainda uns poucos meses atrás, passando pela rua do Carmo o coronel Benvindo, montado no seu melado campolino (por nome Dois de Ouro), e o filho de Chico Leandro chegando à calçada, o menos que pôde fazer foi cuspir no rastro dele. Frente a frente só se encontravam em hora de luta, e até na igreja tinham os seus bancos separados, um do lado do altar de São José, o outro no da Boa Morte.

Pois agora lá estava o telefone, como uma estrada franca, uma porta aberta entre as duas casas. Com o seu ar preto e sonso, pendurado na parede do corredor. Bastava alguém rodar a manivela, dizer à telefonista o número inimigo, o dos Leandro era 15-22, o dos Assunção era 15-21 (pelo seguro, para não haver preferências, o vigário, presidente da Companhia Telefônica, tirou os números na sorte) — e logo, do lado proibido, alguém responderia! Calcule só! Ali, junto ao retrato mortuário do finado Donato, debaixo do quadro do Coração de Jesus, se poderia escutar a voz de um Leandro. Era uma tentação do inferno. E nessas coisas meditava o coronel Benvindo, balançando-se na sua rede branca, armada no alpendre do sobrado que dava para o jardim. Aspirava o cheiro das rosas abertas depois da chuva e olhava de viés para o bicho falante, tão quieto na sua caixa envernizada. Ora sim senhor, ter o Chico Vinte ao alcance da voz! (O Chico Vinte assim se chamava por ser o vigésimo filho do finado Carlinho Leandro, havido da segunda esposa, que lhe dera 14 filhos, depois dos seis da desditosa Sinhá.) Chico Vinte, sendo embora o caçula, herdara do pai a chefia, por ser o mais disposto, o mais amante da família, o mais dedicado à política, o que se deixara ficar pelas Aroeiras, criando gado e destilando cachaça na sua fazenda da Trapoeiraba. A velha casa da família, na praça da Matriz, com dezoito portas de frente, oito da praça e dez no oitão, era o seu pouso na cidade.

Sim, essas coisas pensava o coronel Benvindo enquanto fazia a sua sesta. Pensava nelas quando, de repente, o telefone tocou, como se respondesse àqueles pensamentos. Tocou, repetiu, bem alto e impertinente. O pessoal de casa acorreu todo para ver o que seria, mas ninguém se atreveu a pegar o fone. Falar no telefone era falar em nome da casa, prerrogativa do chefe da família. E assim o coronel, quando achou que a campainha já tocara o suficiente, levantou-se da rede e atendeu. O padre lhe ensinara o que dizer:

— *Alon!* — berrou pois o velho na sua voz fanhosa.

Do outro lado, uma fala irreconhecível, num falsete disfarçado, gritou em resposta ao *"Alon"*:

— É você, Benvindão?

Assombrado com a insolência, o coronel nem soube o que responder. E então o falsete deu um riso e soltou a injúria suprema:

— Benvindão, vim te convidar! Hoje tem missa por alma da Pomba-Rola!

Pomba-Rola era o gordo esqueleto de família da estirpe dos Assunção. Não vê que são descendentes do antigo vigário colado de Sant'Ana das Dores; mas o padre velho, em vez de fazer igual aos outros do seu tempo, e escolher moça de família, como tantos que chegavam a trazer uma prima para casa, vestida de noiva, dando assim origem a uma família que podia não ser legal mas era respeitável; o padre velho, não, foi arranjar amizade com rapariga de ponta de rua, por alcunha a Pomba-Rola, a quem montou casa e deu estado. Verdade que, depois de ama do vigário, mãe de sua prole numerosa, na qual se distinguiram dois doutores e um alferes herói do Paraguai, Pomba-Rola assumiu o seu nome legítimo de dona Doroteia e se tornou matrona de respeito. Ademais, agora, já estava morta há quase um século. Contudo, quando alguém queria insultar um Assunção, era só falar em pomba, em rola, ou nas duas juntas. Também usavam arrulhar de longe, imitando a rolinha fogo-pagô.

Quanto sangue correu na rua das Aroeiras por causa dessa ave inocente saberá São Miguel Arcanjo que toma nota dessas coisas, e mais ninguém.

E, pois, o coronel, ao ouvir aquela palavra, soltou o fone da mão como se tivesse um bicho dentro e o fone ficou balançando no fio tal uma cobra que acabasse de morder. Mas durou pouco o assombro do velho. Com aquela rapidez de ação que lhe dera a chefia do seu clã meteu a mão na manivela e se pôs a berrar para a telefonista:

— Quem foi o moleque sem-vergonha que falou agora para a minha casa?

Maria Mimosa, filha da professora, que fizera estágio em Fortaleza aprendendo para telefonista, honrou o ensino que recebera e respondia apenas as fórmulas regulamentares:

— Faz favor? Número, faz favor?

O coronel, cego de raiva, berrou mais alto:

— Maria Mimosa, deixe de se fazer de boba! Sou eu que estou falando! Me diga já quem foi o malcriado que ligou para cá!

Meio trêmula, mas ainda oficial, a voz da telefonista resistiu:

— Desculpe, coronel, mas o regulamento não permite revelar o nome do assinante que pediu ligação... Temos o segredo profissional...

— Maria Mimosa, se você não contar já esse segredo profissional eu vou aí e rebento essa joça!

Maria Mimosa gaguejou um pouco e acabou confessando tremulamente:

— A chamada partiu de 15-22...

— Casa de quem, com todos os diabos?

Mais trêmula ainda, já em prantos, prevendo a gravidade da sua revelação, Maria Mimosa confessou:

— É a residência do major Francisco de Assis Leandro...

* * *

DEVAGARINHO, COM MÃO FIRME, o coronel depôs o fone no gancho. O entrevero com Maria Mimosa lhe dera tempo para recuperar a sua famosa calma dos momentos de ação. Majestosamente desceu até à loja. Mandou espalhar uns recados. Aos poucos foram chegando os seus homens de confiança. Dois cabras que mandara vir há tempos do Riacho do Sangue: Zé Vicente, seu caixeiro, Amarílio, cabra roxo-guajeru que tinha fama de perverso e a moda de reclamar contra pau de fogo, que não é arma de macho: com ele só no aço frio. Depois veio do cercado, no Juremal, o cavalo Dois de Ouro. O coronel montou, acompanhado por dois cavaleiros: o dito Zé Vicente e seu genro Pedrinho Queiroz, marido de Juvenília, a filha mais velha, meio feiosa, mas que tocava piano e lia livro em francês. Os demais seguiam a pé, cada um com o seu rifle na bandoleira; até Amarílio carregava o seu, não por gosto, dizia ele, mas pelo "regulamento".

Alcançando a praça da Matriz, parou a expedição para tomar chegada. Já correra na rua a nova da saída do grupo encangaçado, e já se apinhavam curiosos em cada esquina. O delegado de polícia trancou os praças na cadeia (era partidário do coronel Benvindo) para "evitar arruaças".

Chegando defronte à porta da casa das 18 janelas, o coronel sofreou o Dois de Ouro. Sem desmontar, bateu palmas. Ninguém atendeu. Mas se escutou, no lado do oitão, o fechar brusco de uma janela. O coronel então chegou mais perto e, com o cabo do chicote, martelou a porta e gritou:

— Ô de casa!

A medo entreabriu-se uma rótula e apareceu na frincha o olho enviesado de uma cunhã perguntando quem era.

121

— Quero falar com o dono da casa!

A cunhã abriu mais um dedo de janela:

— Major Chiquinho foi no sítio, só vem de noite.

— Pois que me apareça outro homem! Não haverá outro homem nessa casa?

Aí a porta da rua se escancarou nos dois batentes e surgiu a magra figura de Francisquinho, também chamado o Vinte e Um, porque, além de ser o filho único de Chico Vinte, era viciado em baralho, no jogo do vinte e um. Dizia-se que Francisquinho era tísico. Magrelo, nos seus 18 anos, a mãe o queria padre, mas o seminário o expulsara depois de umas histórias malcontadas. E, no abrir da porta, também Francisquinho foi gritando:

— Homem tem: tá falando com ele! Mas homem é que não estou vendo! Só um baiacu velho em cima de um cavalo!

Com o que dizia, queria era distrair a atenção dos atacantes. Pois no que falava, puxou a mão que trazia às costas e na mão vinha uma garrucha que atirou no coronel quase à queima-roupa. Por fortuna do velho, no momento em que partia o tiro, ele levantava a mão com o chicote; a carga de chumbo passou-lhe raspando entre a costela e o braço e foi pegar bem na arca do peito o infeliz Zé Vicente, que caiu de borco por cima do cavalo. Aí Amarílio se adiantou com a faca nua na mão. Embolou com o meninote e rolaram os dois pela calçada. O coronel apeou do melado e se meteu de casa adentro, sem olhar para trás nem tirar o chapéu. Subia os três degraus do corredor quando se ouviu um alarido de mulher chorando, depois uma voz severa a comandar:

— Parem com essa prantina!

E d. Joaquininha, mulher de Chico Vinte, apareceu na porta da sala a perguntar muito calma:

— Que é que o senhor quer na minha casa, coronel Benvindo?

O velho tirou o chapéu:

— Minha senhora, eu só quero punir um criminoso.

Dito isso, passou pela dona, entrou na sala, localizou o telefone e o indicou para os dois cabras que o seguiam na pisada:

— Arranquem esse bicho daí.

E quando os homens puxaram a faca para cortar os fios, o coronel recomendou:

— Não. Arranquem. Quero com tripa e tudo.

Os cabras fizeram força, a caixeta do telefone se largou dos pregos junto com pedaços de reboco e as entranhas da coisa falante ficaram indecentemente à mostra.

— Levem para a rua.

Puseram o telefone no chão da praça, no meio do capim-de-burro, todo eriçado de fios, como se fosse uma aranha-caranguejeira. E aí o coronel mandou acender um fogo com os paus arrancados à cerca de um terreno baldio. A chama subiu. "Em cima do bicho! em cima do bicho!", recomendava o coronel. E o telefone ardeu muito tempo, exalando um cheiro ruim de celuloide e borracha queimados. Por fim só ficaram os pedaços de ferro e louça dos isoladores, entre as cinzas.

O coronel se manteve imóvel e calado, assistindo, enquanto os seus cabras de armas na mão guardavam o fogo. Ao acabar tudo, o velho correu os olhos pelo povo que espiava medroso e disse bem alto:

— Foi pra aprender a não soltar má-criação a homem.

* * *

VINTE E UM NÃO MORREU, embora a facada de Amarílio lhe houvesse ofendido os bofes. Morrinhou, morrinhou, acabou escapando, sempre magro e amarelo. Quem morreu foi o pai, Chico Vinte. Veio-lhe uma paixão tão grande, ao saber da desfeita, que lhe deu um ar. Entrevou-se, e com poucos meses era finado.

E o Leandro defunto, o filho fraco do peito, a guerra entre as duas famílias se amainou. Benvindão ficou chefe absoluto e fez o prefeito e seis oitavos da Câmara, na primeira eleição. Agora, teve uma coisa: nunca mais, em casa de Leandro ou de Assunção, na cidade de Aroeiras, se viu um telefone.

Rio, junho de 1961

Tempo de preá

Bem diz um ditado lá da minha terra — atrás do pobre corre um bicho. Um bicho, ou muitos bichos. E tudo inimigo, feroz.

Ora, a gente sabe e se convence de que é mesmo atrasado, subdesenvolvido, retrógrado, contemporâneo do passado (ao contrário do sr. Juscelino Kubitschek, a quem o sr. Paulo Pinheiro Chagas, num tropo oratório, chamou de "contemporâneo do futuro"). Pois é. E escuta-se toda essa gente de fora, pessoas adiantadas e ricas, nos provar que nós somos mesmo uns bugres, e que não soubemos tomar o bonde do progresso quando ele passou por nós. Mas ainda é tempo, ainda é tempo! Eia, sus! — nos bradam os de boa vontade. E então a gente faz uma força danada e tenta cumprir o que eles mandam, para não ficar com nome de ignorante, nem nunca mais passar fome e viajar em pau de arara.

Tomamos todos os conselhos e partimos para a civilização. Primeiro foram as algarobas. Plantem algarobas, diziam. Algaroba é uma árvore nativa do altiplano andino, de linda folhagem plumosa, crescimento extraordinariamente rápido; seu fruto é uma vagem de cor dourada, cheiro de biscoito e sabor de manteiga, de alto valor calórico, que o gado adora e parece que é realmente a melhor ração do mundo. O ministro Romero da Costa, no governo Jânio Quadros, era um entusiasta da algaroba e tinha um programa de plantar vinte e cinco milhões de algarobeiras no Nordeste. Mas, pelo motivo que todos sabemos, esse homem inteligente e operoso não teve tempo para cumprir o projeto — mal o pôde iniciar. Nós, porém, que não fôramos direta e pessoalmente afetados pelo parlamentarismo, continuamos fiéis à velha ordem deposta, e plantamos algarobas. Uma das coisas mais lindas deste mundo, meus senhores, é um roçado de algarobas novas ondulando ao vento, numa encosta de alto. Mas tanto tem de lindo como de perseguido. Quando ainda estão no viveiro, já as atacam os cachorros-d'água e as formigas-de-roça. Plantadas, continuam as formigas-de-roça — porém nós somos progressistas, matam-se as formigas com os novíssimos venenos. Aí vêm os manés-magros, raça de ortóptero, espécie de gafanhoto parecido com um garrancho seco, mas voraz como um tigre. Mané-magro cai num roçado de algaroba, em poucos dias limpa tudo que não fica uma folha. Mas se bota inseticida, se cata mané-magro à mão, e as arvrinhas escapam. Quando, porém, já se vão esgalhando e passando à idade perigosa, começa a vez da ventania que aparta e derruba os ramos, quando não arranca tudo pela raiz. E, de sociedade com o vento, vem o besouro-serrador, que é assim um bichinho esverdeado e cascudo pouco maior que uma unha. Trepa-se o serrador num galho de pau e põe-se a serrar a madeira com o instrumento próprio que possui, o qual não perde nada para uma serra de verdade. Na noite calma, a gente escuta um baque forte de galharia no chão, vai ver, foi o desgraçadinho do besouro, tão pequeno que dá trabalho para descobrir e assim mesmo bota abaixo um ramo de algaroba da grossura do braço de um homem!

126

E, quando se atravessa tudo isso, ainda vêm as vagens, perseguidas por tudo quanto é inseto, passarinho e roedor, e por isso mesmo muitíssimo difíceis de empaiolar.

Outra lavoura que nos recomendam, e que nós plantamos, é a palma, ou palmatória, cactácea que do seu vero nome chama-se *Opuntia monacantha* Haw. Em tempo de pouco pasto, a palma é a salvação. E nós nos danamos a plantar palma. Dentro das nossas fracas forças, fizemos o mais possível. Vingasse tudo, poderíamos até dobrar o gado que, por falta de ração no tempo ruim, não se perderia um garrote.

Pois ontem recebemos carta do vaqueiro: "Das palmas não posso mais dar notícia, porque o preá comeu tudo. Não tem mais nenhuma."

Hoje em dia, pelo Nordeste, você não pode plantar um lastrão de capim, uma vazante: vem preá, come. Lavourinha de verão, qualquer que seja, melão, jerimum, preá come. E até mesmo no inverno, no meio de tanta fartura, quando é do gosto dele, seja fruta ou raiz, preá come. Se continua assim, se eles dão para simpatizar com milho e feijão, então todo o povo do Nordeste se acaba, só fica preá.

Não sei se todo mundo conhece preá: é um pequeno roedor, muito parecido com o porquinho-da-índia ou cobaia; segundo o dicionário do Aurélio, pertence à família dos cavídeos, é conhecido em Sergipe por "bengo" e é o mesmo que "apereá". No velho dicionário de Morais diz que "preá, substantivo feminino, é animal do Brasil que tem, exteriormente, na barriga, uma bolsa, onde recolhe os filhinhos; é como um rato grande de pelo negro". Os de minha zona são substantivo masculino, não têm pelo negro, mas de um cinza-esverdeado; são tão prolíficos que a senhora do preá é capaz de dar à luz, todos os quarenta e cinco dias, oito filhotes de cada vez! É por tal forma espantoso o seu aumento que, em duzentos e setenta dias, ou seja, nove meses, período para um casal humano produzir *um* único filhote, um casal de preás, com prazo para seis gestações, pode produzir, salvo erro, dois milhões, seiscentos e vinte e um mil, quatrocentos e quarenta filhotes! E mesmo que morra a metade, ainda fica um saldo de um milhão e meio. Eis por que de nada serve a caçada violenta que eles sofrem, perseguidos por todos os bichos carniceiros da caatinga, a começar pelo homem, que, de fojo, de armadilha, de tiro, mata preá aos milhares no tempo de verão, quando a comida é mais escassa. Que adiantam alguns mil em contas de milhões?

Diz que na Austrália o coelho quase liquidou com o país. Mas o governo acabou dando jeito. Dr. João Gonçalves de Sousa, será que a Sudene não sabe a receita da Austrália? Afinal, preá é uma espécie de coelho, apenas mais mirradinho; e pequeninos, mirradinhos somos todos no Nordeste, e também somos gente como os grandes.

25.12.1965

O viajante

O meninozinho tomou o ônibus na sua cidade do Estado do Rio, onde nascera e se criara, e foi trazido para a mãe a fim de ver a cidade grande nos seus esplendores de Natal. Embora não fosse *habitué* de tais passeios, mantinha-se sossegado e digno, espiando discretamente a paisagem a correr atrás da vidraça. A mãe é que lhe traía a condição de noviço, muito solícita, todo o tempo a apontar, mormente depois que entraram pela avenida Brasil. Olha a igreja da Penha! Olha o balneário de Ramos! Olha a ponte do Galeão, filhinho! Olha Manguinhos! E, ou porque não o interessassem urbanística e arquitetura, ou porque lhe desagradassem demonstrações em público, o garoto, em vez de embasbacar para os sítios apontados, olhava de viés a mãe, talvez lhe sugerindo que calasse a boca. Ele afinal não era cego. O que o interessou mais foi o Cemitério do Caju, que ficou a acompanhar longamente, chegando mesmo a ajoelhar-se no assento. O gasômetro também lhe despertou interesse e lhe arrancou uma pergunta — em voz baixa — se aquilo era uma caldeira. E onde é que estava o motor?

Saltaram na praça Mauá. Tomaram um táxi que os levou à casa da tia, na avenida Copacabana. Na longa viagem de automóvel, ao atravessar a avenida Presidente Vargas, ele perguntou se era ali o Maracanã; desiludido, dedicou-se inteiramente ao estudo do relógio do táxi que, evidentemente, o fascinava. Não quis saber de praça Paris, nem dos arranha-céus do Flamengo, nem do bondinho do Pão de Açúcar. A mãe, de início, lhe explicara o mecanismo da bandeirada e a marcha dos quilômetros no mostrador, traduzidos em dinheiro. Por brincadeira lhe dissera que ele é que iria pagar a corrida. A cada cruzeiro que aumentava, o pequeno levava nervosamente a mão ao bolso da calça, onde guardava, bem dobradinha, uma nota de cem cruzeiros, que a madrinha lhe dera à despedida para "desmanchar em brinquedos". Ao entrarem no túnel — o relógio estava na casa dos trinta —, tão entretido vinha ele com o problema econômico, que só deu de si quando já estava lá dentro: a princípio cuidou que passavam por dentro de uma casa — talvez uma estação; o ruído do eco lá embaixo era de fazer medo, e a palavra "túnel" que a mãe gritou não lhe significava nada. Ao sair, ressabiado, olhou pela vidraça de trás — e pior ainda lhe pareceu aquele buraco cavado nas entranhas do morro.

Gostou do elevador, adorou. Infelizmente não consentiam que passeasse nele tanto quanto o seu coração pedia. Mas detestou o apartamento. Sentia-se enjaulado ali dentro, topando com uma parede a cada dez passos, sem uma nesga de ar livre defronte do nariz. Talvez apreciasse melhor a vertigem daquele décimo primeiro andar de altitude se o deixassem debruçar-se ao peitoril das varandas. Mal conseguiu, porém, ficar a olhar um momento, ajoelhado numa cadeira enquanto a mãe o sustinha pelos suspensórios. Várias vezes tentou espiar escondido, mas sempre havia por perto um delator. O mais que obteve em paga dos seus esforços foi uma palmada e cinco cascudos.

Interpelado pela tia se não gostava de morar num arranha-céu, respondeu que talvez gostasse se pudesse morar "por fora". É dado a essas frases lacônicas e meio herméticas. Teve várias delas, aqui no Rio. Por exemplo, atravessando o *rush* das seis horas, no Flamengo, tentaram maravilhá-lo com aquela quantidade prodigiosa de automóveis (veículos a que ele dedicava comovedora paixão).

— Veja, filhinho, tanto automóvel, chega a perder de vista.

Ele indagou se tinha mil. A tia afirmou que positivamente tinha mais de mil — bem uns dez mil. O pequeno abanou a cabeça, descrente: não há nada que seja mais de mil. Até dinheiro só tem até mil. Ele viu a nota e o pai lhe disse que era o maior de todos os dinheiros.

A outra insistiu — pois ali tinha, sim; quem sabe mais, até trinta mil. E ele, com a vista no rio de dorsos negros, deslizantes:

— Pois se fosse só mil, chegava.

Ao mar, em Copacabana, não ligou muito. Já vira mar livre em Cabo Frio. Embelezou-se foi pela boneca que uma garotinha de maiô amarelo levava consigo pela calçada, segurando uma mão da calunga, enquanto a babá segurava a outra. A boneca andava como gente, trocava a passada, e a cada passo movia para um lado e para outro a cabeça cheia de cachos. Isso realmente lhe pareceu uma invenção admirável. Não fosse homem, teria pedido por tudo no mundo uma boneca idêntica. Chegou a pensar — quem sabe? — ficaria mal se pedisse, não uma boneca, é claro, mas um boneco, de calças compridas, fardado de marinheiro... talvez não brigasse com a sua masculinidade... Sugeriu a ideia à mãe, timidamente, com medo de risos. Ela não riu, mas cortou rente:

— Você está doido? Dinheiro para comprar uma boneca dessas dava até para comprar uma bicicleta.

Não é que ela pretendesse lhe dar a bicicleta; falava só para efeito de comparação. Pois ele sabia muito bem — *hélas!* — quão inacessível é uma bicicleta, e assim haveria de entender. Outra decepção teve ao lhe mostrarem o Papai Noel de carne e osso, na loja. Segundo uns, teve medo do velho. Ele nega, veementemente, o medo. Confessa o desagrado:

— Gosto de Papai Noel é em figura de livro. Assim, com aquela roupa e aquela barba, a gente está vendo logo que é fingido...

* * *

E DA VOLTA não falo porque da estação Mariano Procópio até plena serra ele dormiu, a cabeça no colo da mãe; o pensamento, só ele e os anjos podem saber onde andava.

Rio, janeiro de 1954

Os filhos que eu nunca tive

Bateram no portão, fui ver. O garoto rebocava os outros dois, embora não fosse o mais velho. O mais velho era um crioulinho de ar estonteado sem os dois dentes da frente; calçava umas chuteiras grandes de jogador de futebol, dependuradas como duas bolsas às canelas finas. O segundo garoto era bem miúdo, nos seus nove ou sete anos, ainda chupava dedo e tinha pestanas tão compridas que lhe faziam sombra na cara pálida e bochechuda. Mas o importante era o caudilho da turma — dez, doze anos talvez, quem sabe mais; com esses amarelinhos raquíticos a gente nunca pode dizer. Fala rouca, olhar direto, pequenas mãos nervosas que gesticulavam ajudando a fala, camisa de meia, calça comprida, cigarro na mão.

Quando me viu, atirou fora a bagana, num gesto de cavalheiro. Explicou que não estavam pedindo esmola — mas andavam longe de casa e queriam uns níqueis para o almoço.

— Posso dar os níqueis — falei. — Mas por que vocês não almoçam de uma vez aqui em casa?

Eles se consultaram entre si, acabaram aceitando. Embora o chefe pusesse uma condição:

— Mas a senhora garante os níqueis? A gente precisa da passagem de volta.

133

O bando de cachorrinhos *Dachshund* fazia algazarra ao redor deles. O pequeno pestanudo se apaixonou logo pela cachorrinha Capitu, ajoelhou-se no chão, tomou-a no colo e consentia deliciado que ela lhe lambesse o rosto. O chefe olhou-o condescendente e observou:

— Bati aqui por causa destes cachorros.

— Você gosta assim de cachorros?

O caudilho cuspiu:

— Eu — de cachorro? Não senhora, detesto. Mas casa que tem cachorro pequeno, solto, a turma sempre gosta de criança. Já casa que tem cachorro grande na corrente é pessoal pão-duro, rezinguento.

O pretinho comia em silêncio, de olho no ar, espiando os passarinhos. O gorducho de vez em quando punha escondido, debaixo da mesa, um pedaço de carne para a cachorra.

Nisso o telefone tocou, vieram me chamar. Quando desliguei, dei fé de que o chefe da turma abandonara o prato, lá na mesa debaixo da jaqueira, e viera escutar a conversa. Verdade que ao se ver desmascarado teve a graça de corar e desculpar-se como *gentleman* que era:

— Tive medo que fosse telefonema para o SAM.

Contei que não, era um colega de jornal. Eles gostam de jornal. O chefe mesmo já vendeu numa banca, mas quiseram botar uniforme nele, para fingir de pequeno jornaleiro, e ele não é palhaço para andar fardado. E, depois, não tinha dinheiro para botina e tudo o mais. Só o pessoal internado ganha farda de graça — e vê lá se ele deixa que o internem.

Para provar que sabem ler, leu e obrigou o pretinho a decifrar todos os títulos da coluna de esporte. Gostam

134

muito de esporte também. O crioulinho que se chama Zica espera mais tarde ser goleiro.

— Não vê, ele vai ter altura. Para goleiro o principal é a altura.

Aliás fizeram essa viagem para dar uma espiada na concentração do Vasco, mas acharam tudo fechado. Depois a fome apertou e eles resolveram arranjar uns níqueis e comprar uns sanduíches de mortadela.

— Gosto de mortadela com cerveja, mas os homens só vendem cerveja à gente quando se traz o casco e diz que é para levar em casa.

Assim mesmo sofisticado, comia com apetite o arroz com ensopadinho e bebeu a caneca de leite. Fizemos camaradagem fácil. Sempre me dei com meninos. Zica é dos três o único que tem mãe e pai. O pai está doente, internado no Hospital São Sebastião, e a mãe lava roupa. Mas tem outros filhos, ganha pouco, Zica precisa ajudar. E ele ajuda, faz carreto na feira, pega xepa de comida num frege em Santo Cristo (mas a porcaria quase sempre vem azeda!), vai apanhar leite dos irmãos menores todas as manhãs, numa instituição que fica à boca do túnel João Ricardo. Há dias em que vigia automóvel defronte da estação de passageiros, no armazém 13, no Cais do Porto, e leva algum de gorjeta. Por causa disso tudo largou a escola — não tinha tempo.

O pequeno, o dos olhos bonitos, diz em voz baixa que o seu nome é Cincinato, mas chamam Nato. No mais, fala pouco. Não tem pai nem mãe, mora com a avó, que por sinal, além de velha, é doente e vive de favor num barraco que ela mesma arrumou, no lugar onde era um banheiro velho, aos fundos de uma casa de cômodos, numa daquelas encostas do morro que ficam entre o Cais do Porto e a Central. A velha pede esmolas e, quando era menor, Nato andava com ela, mas achava chato, e depois o Alcir — Alcir é o chefe — o convenceu de que aquilo não é ocupação de homem. Quanto ao Alcir — bem, vê-se que é camarada vivido e experiente. Diz que esteve internado no SAM (a sigla do Serviço de Assistência a Menores é uma constante na conversa de garotos dessa espécie), depois espontaneamente explica que é mentira — ou antes, um modo de dizer. Quem esteve "lá" foi um primo dele que contou tudo como é. Que a ele, para o apanharem, não há de ser fácil. Pergunto o que ele quer ser, quando homem — um valentão assim como o Zé da Ilha e o Mauro Guerra? Surpreendentemente, Alcir diz que não, não gosta de malandro. Esse pessoal não vale nada; quem dá cartaz para eles é a polícia. Diz que o Carne-Seca até chorava quando foi preso. E o Mauro Guerra é tuberculoso. Alcir tem vontade é de comprar um carro de praça e fazer ponto no Lido. Já foi várias vezes a Copacabana, mas ali é preciso ter cuidado para a gente não se perder. Acima de tudo, Alcir é um homem livre. Não tem pai nem mãe, mora oficialmente com os tios, mas passa dias sem aparecer em casa. A tia é uma chata, o tio tem uma tendinha de vender cachaça e pastel, e tem mania de botar Alcir no pesado. Um dia deixou que um bêbedo se metesse a dar cascudos no sobrinho; nesse dia Alcir se zangou e passou duas semanas sem aparecer. E como eu tentasse localizar a tendinha, fizesse menção de endereço, ele teve um gesto largo:

— A tenda não interessa. Eu moro mesmo é na rua.

Indaguei o que é que ele fazia para viver. Ele riu. Parece que na rua há muita coisa interessante para ocupar um homem resoluto. Por exemplo, já se ocupou em entregar lista a bicheiro.

— Quando a cana está dura, eles gostam de usar garoto, que não dá na vista.

Aos sábados, ajuda a lavagem dos ladrilhos num botequim da rua América, ganha um prato e uma grujinha que dá para o cigarro. Não é carregador de feira porque tem uma dor no umbigo, não aguenta peso. O médico do ambulatório diz que é hérnia; um dia em que estiver disposto ele procura o doutor e deixa operar. Pergunto se não deseja se operar no hospital aqui na Ilha. Mas Alcir não quer se preocupar com a saúde.

— Deixa pra lá. Serei moça, para me importar com umbigo grande?

Acabada a última banana, levantam-se, o chefe põe a casquete e lembra delicadamente o dinheiro do ônibus.

— Vocês vieram foi de ônibus?

Eles sorriem. Vieram de carona, num caminhão da Aeronáutica. O motorista tinha cara de bonzinho, nós dissemos que éramos da Ilha, tínhamos fugido para o Rio e estávamos perdidos. O cara passou um pito, disse que quem não cuida dos filhos devia entregar ao juiz de menores, mas acabou mandando a gente entrar.

Tentei detê-los por mais tempo; eles porém tinham pressa, ou estavam desconfiados. Prometeram voltar a qualquer oportunidade. O difícil é a primeira vez, não é mesmo? E, além do mais, não chegaram a ver a concentração do Vasco.

Dei o dinheiro, deixei-os sair. Que é que podia fazer? Conselho eles não aceitam. Chamar autoridade, para quê? Autoridade não resolve, prende.

Os garotos saíram. Fiquei a olhá-los, do portão. Dez metros além o pequenino voltou-se, deu adeus com a mão. Me apertou o coração, dei adeus também, fechei o portão devagar.

Ilha, outubro de 1953

Os frutos do progresso

A gente abre a torneira — nem um pingo de água. E não adianta apelar para ninguém. Nesta imensa cidade de seis milhões de habitantes, como viver sem água? Como lavar o rosto, fazer café, matar a sede? Até a reserva de água mineral nos bares está esgotada.

E então a gente para, puxa a cadeira, senta e põe-se a meditar na extrema fragilidade da civilização. E quanto mais adiantada, mais sofisticada, mais frágil. Você, homem do século XX, não tem bem noção, no seu cotidiano, de quanto depende da proteção da ciência e da técnica. Não é um ser autônomo, capaz de prover as suas mais mínimas necessidades. É tão condicionado a máquinas quanto um rato de Pavlov às campainhas da gaiola. Toda a sua vida depende das máquinas — é incrível. Desde o reloginho de pilha, no pulso, até tudo o que o cerca dentro de casa — geladeira, filtro, fogão, lava-louças, lava-roupas, condicionador de ar, batedeira, liquidificador, torradeira, forno, enceradeira, aspirador, telefone, TV, rádio, máquina de escrever, COMPUTADOR! Você não mexe um dedo sem máquinas Você é mais ro-botizado que um robô.

Sempre que faço viagens aéreas, transcontinentais ou transatlânticas, dentro daquela segurança e daquele conforto do avião — o ar pressurizado, a comida quente, a bebida gelada, o banheiro completo, a música ambiente, o alto-falante informando sobre o tempo lá embaixo —, sim, dentro daquele casulo voador, de repente eu penso: Meu Deus, e bastará uma pequena falha nos motores, uma fratura na asa, um buraco na fuselagem, e tudo isto se desarticula (não viu no desastre do foguete Challenger, foram só uns rebites que afrouxaram), tudo se rompe, explode, nos expele para o ar frio a 40 graus abaixo de zero, para as águas do mar, para a floresta amazônica. Se morrer tudo, ainda bem, acabou, pronto. Mas e se a gente escapa? Estaremos muito mais indefesos e vulneráveis do que o mais primitivo homem da Idade da Pedra. Não sabemos como arranjar abrigo, fazer fogo, não distinguimos os frutos e os bichos comestíveis. Não temos como nos defender das feras de terra ou de mar. Em alguns segundos, a gente passará das condições mais sofisticadas de civilização à condição bruta de um extraterreno, ignorante, incapaz, lançado num ambiente hostil e estranho.

Se, por exemplo, se eterniza a simples falta de água na cidade do Rio? Vai parar tudo, já que a água, além de ser a primeira fonte de vida, é elemento indispensável ao funcionamento de todo o aparato eletromecânico do qual dependemos. E aí? Quem viveu uma guerra sabe disso. A cidade bombardeada, transformada de repente naquela selva de pedra, onde não brota nada, só terror e miséria.

Isso é bom para rebater o orgulho dos homens ante essas maquininhas que hoje são a razão da sua vida. Pensavam que eram deuses, que nada lhes era mais proibido? Pois neste seu paraíso de fios de arame e rodelinhas de latão, basta um pequeno descontrole de funcionamento para desmoronar tudo, acabar tudo. E se vão ver nus e inermes, num mundo inimigo, desconhecido, que eles deliberadamente ignoraram.

Rio, 14.10.1988

Terra no sangue

Essa ligação de amor que o nordestino tem com a sua terra... Pensando bem, será mesmo de amor? Ou antes: será só amor? Talvez maior e mais fundo, espécie de mágica entre o homem e o seu chão; a simbiose da terra com a gente. Vem na composição do sangue. Aquela terra salgada que já foi fundo do mar tem mesmo o gosto do nosso sangue. Só sei que a ligação existe e não se acaba. Precisa o emigrante sair muito criança pra perder a condição de nordestino, que não teve tempo de apurar. Ainda outro dia ouvi na TV a confissão de dois nordestinos ilustres, ambos reconhecendo a dependência irrecorrível: nas horas de crise, de triunfo ou desafio, sentiam dentro do peito a necessidade imperiosa de rever a terra, voltar às velhas raízes, em busca de forças novas para assimilar a vitória ou enfrentar os riscos. E voltam revigorados, coração batendo firme, cabeça arrumada, dimensões recuperadas, saudade aplacada, equilíbrio, firmeza.

E o que é aquela terra, afinal? Sertão e caatinga, uns montes de serras frescas, águas sazonais. Tudo que Deus botou ali foi regrado. Até se poderia dizer que Deus foi sovina; mas felizmente a gente sabe que, no caso, a qualidade vence a quantidade. Só as coisas preciosas se medem às gotas. O que é demais não tem valor.

Por mim, eu digo: toda vez que o destino me fere mais duro, me maltrata mais fundo, é para lá que eu fujo. Me esconder, lamber as feridas. E se para lá não corro nas horas de triunfo, é porque triunfos não os conheço; só modestas alegrias, muito choradas e medidas. Mas era lá que a gente melhor curtia os netos, antes que eles ficassem adultos, cheios de partes e de não me toques. Tempo em que nós éramos dois aqui em casa e fazíamos planos e projeções felizes; e era para lá que esses planos se destinavam — lá o ambiente, o local, a hora, para se traçarem e curtirem projetos de felicidade.

Meu Deus, no dia da chegada, quando se desembarca do trem ou do carro, o coração, que vinha fechado e escuro, se abre como aquela planta jericó, vocês conhecem? Parece um raminho murcho; mas se a pomos dentro de um copo de água, ela se abre, caule e folhas verdes, lindo. Coração de nordestino é um jericó desidratado, capaz de desabrochar de repente se posto na água, todo verde e flor. Pode isso acontecer em tempo de inverno, as grandes águas criando um mundo tão belíssimo que não se descreve. E, passado o impacto do encontro, a gente disfarça, se abaixa, apanha um pouco de terra vermelha, úmida e quente como coisa viva; encosta nela o rosto para sentir aquele cheiro de invisíveis sementes que germinam, e as pequenas raízes e pedacinhos de folha, e até formigas e tracuás escapando pelo dorso da nossa mão. E se for tempo seco, a terra tostada cheira a sol e não abriga folhinhas, mas gravetos.

Contudo, é a mesma terra. Tem sangue da gente nela, ou tem dela dentro do nosso sangue? E além da terra há os bichos — os bezerros, os cordeiros, os passarinhos, as traíras no açude, os negros muçuns se enterrando na lama.

E acima de tudo, do mato, das águas, dos bichos, estão as pessoas. Velhos, homens, mulheres, crianças. Que você conhece como se conhece, sabe o nome de cada um, e do avô, e do bisavô. E você quer bem a eles como eles lhe querem bem. E, mesmo os novatos, basta um pedaço de conversa com eles, devagar, meias palavras. E quando um se despede, a gente diz "Pois é", e já está tudo decidido. Ele arranjou o roçado, a casa de morada ou ao menos uma promessa para fins das águas. Sem surpresas, como se fosse tudo encomendado. Tudo tranquilo e entendido.

Rio, 27.1.1989

A donzela e a Moura Torta

Direi, como nos romance russos, que a cidadezinha onde se situava o colégio chamava-se M... Ficava no Cariri, naquela zona quase independente, que a gente não sabe bem de que estado faz parte, se do Ceará ou de Pernambuco. Era um internato meio patriarcal, meio casa-grande de fazenda. Não tinha água encanada, não tinha instalações modernas, não exigia sequer uniforme para as alunas. Nas poucas salas de aula (as lições das "menores" eram dadas no refeitório) alinhavam-se umas velhas carteiras coletivas, de dez lugares, com a madeira cortada a canivetaços, um buraco para cada tinteiro, e tendo como assento longos bancos corridos sem encosto. No dormitório, além dos leitos de todos os modelos, de pau e de ferro, penduravam-se aos cantos algumas redes, pois as camas não chegavam para todas, e havia meninas incapazes de dormir senão nas suas redes brancas e cheirosas trazidas de casa.

As freiras que dirigiam o colégio eram estrangeiras, não sei se alemãs ou belgas; suaves e assustadiças criaturas, umas dez, no máximo, perdidas na turba de mais de cem raparigas.

Contudo o pior das alunas não era o número: era a qualidade. A par das garotinhas miúdas, que à noite choravam com saudade da ama, havia ali muita mulher feita, moças de dezoito e até de mais de vinte anos, boas de casar e de ter filhos, que os pais mandavam para o colégio num derradeiro apronto antes de as entregarem aos maridos. Algumas sabiam pouco mais que ler; outras nem isso. Em geral estavam noivas, ou se enredavam numa complicação de amores e de intrigas, de bilhetes e serenatas que aturdiam as pobres freiras — arianas de sangue frio escandalizadas ante aquelas explosões precoces. Aprendiam as meninas a bordar, as quatro operações, uns longes de francês e a escrever corretamente uma carta. Aliás não era o ensino o escolho maior das madres. As pequeninas eram fáceis de levar no estudo, e as maiores tinham em geral grande desejo de aprender e vergonha das suas poucas letras. O mal que as atormentava estava todo nos ódios recíprocos, nas guerras de famílias cujos rancores vinham ecoar até dentro do internato, dividindo as alunas em grupos adversos — criadas que eram, na maioria, no cultivo de antigos rancores, de vinganças e desafrontas. E acabaram as pobres freiras cansando-se de lutar contra aquelas incompatibilidades feudais, contra aquelas contas de sangue e escândalos. Nem mesmo adiantava fazer com que duas inimigas se abraçassem, em dia de confissão. Na melhor hipótese se abraçavam rígidas, sem perdão e sem calor; em outros casos, chegavam a se atracar na vista da madre que promovia a reconciliação. E o mais que se arranjava era estragar com pecados novos a comunhão do dia seguinte. Aos poucos, pois, foram consentindo as mestras em que se formassem no colégio dois grupos distintos e intrigados. No caso do dormitório, a arquitetura do velho sobradão colonial que agasalhava o internato facilitou a divisão e lhe encobriu os motivos: não havia nos socavões do sótão uma sala bastante grande para comportar todas as alunas juntas; e assim constituíram-se vários dormitórios contíguos. No refeitório, em lugar da mesa comum dos primeiros tempos, foram as estudantes divididas em três mesas — os dois partidos mais extremados respectivamente à esquerda e à direita, com um grupo de neutras separando-as. Porque também havia neutras: filhas de gente de fora, ou de pequenos negociantes, pequenos proprietários, que não podiam tomar as dores de nenhuma das facções.

Duas eram as principais famílias em conflito, autoras da maior parte das depredações e crimes de morte na zona: os Lopes e os Pereiras. E eram todos primos, Lopes e Pereiras: netos da mesma avó. Fora justamente a herança da velha rica que os inimizara, começando a briga entre dois cunhados, um filho e um genro da defunta; já agora estava a luta na terceira e na quarta geração. Mas dessas circunstâncias de parentesco tiravam eles até orgulho, comparavam-se a famílias reais, sempre aparentadas e inimigas; comparavam-se especialmente aos descendentes da rainha Vitória — netos como eles de uma mesma ilustre matriarca, e que na Guerra de 1914 se entredevoraram um na Alemanha, outro na Inglaterra, outro na Rússia, sem contar com os que se espalhavam pelos principados germânicos e pelos reinos dos Bálcãs. E não se estranhe esse conhecimento; sempre os matutos se interessaram pela política e pelos reis.

* * *

À VOLTA DE UMAS férias de junho, um drama sentimental abalou o colégio: apareceu vestida de preto, de chorão no chapéu como viúva, a flor e herdeira da casa dos Lopes — a linda Guiomar, que em breve deveria casar com um primo. Pois justamente esse primo fora assassinado; matara-o a faca um sobrinho de Sinhô Pereira. Deu-se o crime à saída da missa, mesmo no adro da igreja, que por isso quase ficara interdita. E logo os romeiros começaram a fazer peregrinações ao local onde caíra o moço: — todo mundo sabe que lugar manchado de sangue inocente tem virtude e obra milagres. Mas Guiomar não conversou acerca da tragédia, não se abriu com ninguém. Voltou às suas aulas, ao seu bordado, e, para grande espanto das amigas, não parou de trabalhar no enxoval, não alterou sequer o monograma do noivo — dois LL entrelaçados com que marcava os lençóis. Rezava muito, conversava pouco, ou quase nada. Nunca mais disse o nome de Laurindo Lopes, o frustrado esposo; e entretanto antes, noiva feliz, não falava dez palavras sem uma referência a Laurindo. A lembrança do morto parecia enterrada mais fundo dentro daquele coração do que o corpo dele debaixo da terra.

* * *

TRÊS MESES DEPOIS, já em outubro, estavam as meninas na sala de costura, esperando a hora da novena. A cabocla da portaria pediu licença, entrou e entregou à freira um telegrama aberto, mandado pela superiora. Lentamente a madre o leu. Ficou muito pálida e chamou uma aluna das "grandes", Leonor Pereira, mulherão de vinte anos, alta, nervosa, muito soberba: sofria de um estrabismo ligeiro, e por isso as colegas a chamavam de Moura Torta. A moça chegou tremendo, pois boa coisa nunca é trazida por telegrama. A freira lhe entregou o papel, murmurou umas palavras a respeito dos "desígnios de Nosso Senhor". Leonor leu o telegrama, depois soltou um grito agudo, desumano, e caiu no chão com um ataque.

Tinham matado seu pai, Sinhô Pereira, em plena rua, com dois tiros no peito. Ele nem teve tempo de levar a mão às armas. Caiu de joelhos, e quando morreu — e morreu logo — os cabras que o feriram já tinham sumido a galope numa curva de esquina. Ninguém pôde ou ninguém quis identificar os matadores; sabia-se apenas que era gente dos Lopes.

No chão, a Moura Torta esperneava, apertava os punhos, gritava cada vez mais alto e mais forte. Contudo, o seu ataque não parecia doença nem fraqueza histérica de mulher; era antes furor, uma possessão do demônio, um paroxismo de ira.

De repente Leonor soergueu-se, afastou impaciente as meninas e as freiras que a procuravam aplacar. Correu o olhar sinistro pelas caras que a cercavam, procurando alguém. E, lentamente, igual a um bicho que se levanta, calcou com as mãos o chão, ajoelhou-se; e sempre a se ajudar com as mãos, ergueu-se de todo, como se lutasse com o peso da sua dor e do seu ódio. Afinal de pé, encaminhou-se para Guiomar Lopes, que se deixara ficar sentada, bordando os seus monogramas. Tomou-lhe a agulha das mãos, quebrou-a nervosamente entre os dedos; depois segurou a outra pelos ombros, e pôs-se a sacudi-la e a maltratá-la. Guiomar não revidava, procurava apenas fugir, até que as outras meninas a libertaram. Leonor caiu então com um novo ataque, e foi carregada para um gabinete vizinho ao dormitório das freiras. Lá ficou carpindo o seu nojo, recebendo às refeições uma tigela de caldo e uma xícara de café, pois se recusava a comer. Só queria chorar e rogar pragas, trancada no quarto escuro.

Assim passou vários dias. Na terceira noite, a freira que dormia perto da porta do gabinete foi acordada por um estranho rumor; era como um cochicho, um gemido surdo, intercalado com pancadas. Levantou-se devagarinho a madre e foi ao quarto da moça, donde saía o barulho. E tão grande foi o seu susto que nem deu alarma. Ficou olhando e ouvindo, sem saber se tinha mais medo do que via ou do que ouvia. Sentada à beira da cama de lona de Leonor estava um vulto de mulher, no qual a freira acabou reconhecendo Guiomar, à luz da lamparina que alumiava o Coração de Jesus. Na boca tinha a Moura Torta um lençol enfiado como uma bola; outro lençol lhe amarrava os braços no leito; e nas suas pernas sentava Guiomar, evidentemente para a conter. Não podia impedir, entretanto, que a prisioneira batesse com os calcanhares na travessa da cama: fora essa batida que despertara a madre. E baixinho, mas não tão baixo que a inimiga ou a freira perdessem uma só das palavras, ia Guiomar dizendo:

— Seu pai morreu, Moura Torta... e morreu por mão de gente minha. Foi direto pro inferno, porque morreu sem confissão. Laurindo ao menos foi morto quando saía da igreja, ainda com a reza na boca... E como morreu seu pai, hão de acabar vocês todos; de um em um... Pensava que matando Laurindo acabavam com a semente dos Lopes... Pois meu pai já mandou buscar no Amazonas o meu primo Luís Lopes, irmão de Laurindo — irmão de Laurindo, ouviu? —, e eu me caso com ele no mês que vem. E só vou viver para botar filhos no mundo, ensinar a eles a pegar em arma e liquidar com a raça de vocês, por fogo ou por ferro frio...

A freira gritou, então. Acorreram as outras, libertaram a presa; e enquanto Guiomar era arrastada para fora, a Moura Torta bradou de sua cama:

— É bom que você saiba uma coisa, Guiomar Lopes: que não é só a sua barriga que há de dar filho, não!

***

AMBAS CUMPRIRAM a promessa. Os oito filhos de Guiomar liquidaram num tiroteio três dos dez filhos da Moura Torta. E os Pereiras, então, numa vingança que ainda faz muita gente tremer, tocaram fogo na cidade dos Lopes e mataram até os cachorros na rua e as criações nos quintais. Vi com meus olhos as paredes negras, os telhados por terra, as calçadas cheias de entulho.

Mas já os Lopes estão abrindo outra rua. E nas fazendas dos Pereiras, a apenas cinco léguas de distância, há muito gado, muita madeira, muito cercado de arame, muita coisa boa de destruir.

Rio, agosto de 1944

O vendedor de ovos

O Delegado — ... Bem, mas o senhor há de confessar que isso não é coisa que se faça a homem...

O Preso — E agora pergunto eu ao senhor: e aquilo é homem? Será que pega em enxada, veste roupa de couro, monta a cavalo? Vai ver, nunca soube tirar o leite de uma vaca, nunca soube o que é limpar uma carreira de mato. Agora, viver desinquietando as famílias, comprando iludição pras mulheres toda vez que vai à cidade — isso ele sabe. É trazer vidro de extrato, corte de estampado, lata de pó, até rede de fábrica! E ele não é nem galego, pra se fazer de mascate...

Delegado — Mas o homem não é negociante de ovos? Compra os ovos e paga com mercadoria.

Preso — Ora, ovos, seu delegado! Sei que ovos está muito caro — mas, do jeito que ele conta, nunca vi galinha nenhuma produzir assim. Lá em casa tem onze galinhas, mas botar o que as mulheres dizem, só cada uma botando três ovos por dia. E nenhuma choca nem levanta a postura. Faz meses que eu não vejo um ovo frito ou uma mal-assada de toicinho no meu prato. Tudo é pro seu Anjinho! Até o nome dele, seu Delegado. Não quer se chamar nem José, nem Chico, nem Manuel, como qualquer homem... Como é o nome de Vossa Senhoria?

DELEGADO — Clodomir.

PRESO — Bem... Não é nome de santo que eu conheça... mas pelo jeito se vê que é nome de homem. Agora aquilo — diz que se batizou Ângelo, mas se as moças gostam de chamar de Anjinho, que é que se vai fazer? E fosse só o nome. Mas a vida dele é só, quer de baixo, quer de cima, pelos trens, comprando ovo aqui, vendendo ovo na cidade. Agora deu pra andar com um rádio, um radinho pequenininho, uma porqueira, canta fino como um danado, mas as mulheres acham a coisa mais linda. Chega pelas casas nas horas em que tudo que é homem saiu pro trabalho e já de longe o mulherio escuta o rádio estralando e botando a boca no mundo.

No meu tempo, aquelas cantigas de beijo, com licença da palavra, só se cantava era em pensão de zona — mas agora o rádio ensina em qualquer casa de família... A gente, homens, conhece que seu Anjinho passou por ali porque, ao chegar em casa, só o que encontra é mulher andando pra dentro e pra fora e se esgoelando em samba carioca. E a meninada miúda pelos terreiros chutando pedra e gritando "Gol! Gol de Amarildo!", porque naquele rádio ele também bota futebol.

Aliás, esse negócio de mulher é tão medonho por rádio que uma moça nossa conhecida, que veio do Rio de Janeiro passar uns tempos com a mãe, trouxe um consigo e, até quando andava pelas casas, de visita, pagava um moleque pra ir na frente, carregando a caixotinha do rádio, cantando como um desesperado...

... Sim, seu Delegado, não estou fugindo do assunto, falar em rádio é o mesmo que estar falando no seu Anjinho. O senhor acha que ele está muito maltratado? Bem, também nunca foi bonito, um pouco mais amassado aqui ou ali, não faz alteração... A graça dele era aquele dente de ouro, mas isso ninguém arrancou. Pode ter amolegado um pouco, mas está lá, o beiço inchado é que não deixa ver direito. O cabelo? Ora, cabelo cresce. Diz que cabelo raspado, quando cresce, vem até mais cacheado...

... Seu Delegado, o senhor sabe qual era a outra mercadoria dele? Livrete de modinha! Achava pouco o rádio, ainda trazia o livrete pra ensinar as cantigas. Era botar o rádio tocando e as meninas em redor, de livrete aberto, acompanhando as letras.

Deus que me perdoe, parecia até moça de coro aprendendo bendito! E pensar que mandei ensinar minhas filhas a ler pra semelhante resultado!

DELEGADO — E como é que você explica o braço quebrado?

PRESO — Quebrado? Aquilo é muito é dengoso! Seu Delegado, ninguém quebrou braço nenhum, não. Pode ter desmentido a junta, foi o mais que aconteceu: desmentiu. Ora, quebrar! Isso é parte daquele mimoso! Ninguém é perverso pra andar quebrando osso alheio. Sim, agora quebrar — quebrou foi a cesta dos ovos...

DELEGADO — Sessenta ovos.

PRESO — Está vendo o que eu disse? Sessenta ovos! O senhor já pensou que arraso nas capoeiras! Ora veja! Sessenta ovos! De onde terão saído?

DELEGADO — E, fora os ovos, ele ainda pede indenização pelas fazendas extraviadas.

PRESO — Extraviadas? Aqueles panos que ele carregava num saco? Seu doutor Clodomir, ninguém ficou com fazenda dele, não! Ora, pra que a gente queria as chitas dele? O

154

que os meninos fizeram foi arrumar uma saia nele... com os panos mais florados... Vossa senhoria me desculpe, mas todo mundo achava graça, e agora, só de me lembrar, ainda me dá vontade de rir... Os meninos tocando sanfona e obrigando seu Anjinho a dançar, arrastando a saia... Era ver uma cigana. Ele diz que era à força — mas o diabo é tão sem sentimento na cara que assim mesmo requebrava...

S.d.

Sobre a autora

Rachel de Queiroz nasceu em 17 de novembro de 1910, em Fortaleza, Ceará. Ainda não havia completado 20 anos, em 1930, quando publicou *O Quinze*, seu primeiro romance. Mas tal era a força de seu talento que o livro despertou imediata atenção da crítica. Dez anos depois publicou *João Miguel*, ao qual se seguiram: *Caminho de pedras* (1937), *As três Marias* (1939), *Dôra, Doralina* (1975), e não parou mais. Em 1992 publicou o romance *Memorial de Maria Moura*, um grande sucesso editorial.

Rachel dedicou-se ao jornalismo, atividade que sempre exerceu paralelamente à sua produção literária.

Cronista primorosa, tem vários livros pulicados. No teatro escreveu *Lampião* e *A beata Maria do Egito,* e na literatura infantil lançou *O menino mágico* (ilustrado por Gian Calvi), *Cafute e Pena de Prata* (ilustrado por Ziraldo), *Xerimbabo* (ilustrado por Graça Lima) e *Memórias de menina* (ilustrado por Mariana Massarani), que encantam a imaginação de nossas crianças.

Em 1931 mudou-se para o Rio de Janeiro, mas nunca deixou de passar parte do ano em sua fazenda Não Me Deixes, no Quixadá, agreste sertão cearense, que ela tanto exalta e que está tão presente em toda a sua obra.

Uma obra que gira em torno de temas e problemas nor-destinos, figuras humanas, dramas sociais, episódios ou aspectos do cotidiano carioca. Entre o Nordeste e o Rio, construiu seu universo ficcional ao longo de mais de meio século de fidelidade à sua vocação.

O que caracteriza a criação de Rachel na crônica ou no romance – sempre – é a agudeza da observação psicológica e a perspectiva social. Nasceu narradora. Nasceu para contar histórias. E que são as suas crônicas a não ser pequenas histórias, narrativas, núcleos ou embriões de romances? Seu estilo flui com naturalidade do essencial. Rachel se integra na vertente do verismo realista, que se alimenta de realidades concretas, nítidas. O sertão nordestino, com a seca, o cangaço, o fanatismo e o beato, mais o Rio da pequena burguesia, eis o mundo de nossa Rachel. Um estilo despojado, depurado, de inesquecível força dramática.

Primeira escritora a integrar a Academia Brasileira de Letras (1977), Rachel de Queiroz faleceu no Rio de Janeiro, aos 92 anos, em 4 de novembro de 2003.

Este livro foi impresso nas oficinas da
DISTRIBUIDORA RECORD DE SERVIÇOS DE IMPRENSA S.A.
Rua Argentina, 171 - Rio de Janeiro, RJ
para a
EDITORA JOSÉ OLYMPIO LTDA.
em outubro de 2011

*

79º aniversário desta Casa de livros, fundada em 29.11.1931